DERECHO PROCESAL I

INTRODUCCIÓN AL DERECHO PROCESAL

DERECHO PROCESAL I
INTRODUCCIÓN AL DERECHO PROCESAL

Agustín Jesús Pérez–Cruz Martín
José María Roca Martínez
Catedráticos de Universidad

J. Carlos Gómez de Liaño Polo
Concepción Iglesias García
Marcos Loredo Colunga
Profesores Titulares de Universidad

2025

1ª edición 2019

2ª edición 2021

3ª edición 2024

4ª edición 2025

Ediciones de la Universidad de Oviedo.
Servicio de Publicaciones de la Universidad de Oviedo
ISNI: 0000 0004 8513 7929
Campus de Humanidades. Edificio de Servicios. 33011 Oviedo (Asturias)
Tel. 985 10 95 03
https://publicaciones.uniovi.es/
servipub@uniovi.es

Esta obra ha sido avalada por el Departamento de Ciencias Jurídicas Básicas de acuerdo con lo establecido en el artículo 8 f, del Reglamento del Servicio de Publicaciones de la Universidad de Oviedo.

Esta Editorial es miembro de la UNE, lo que garantiza la difusión y comercialización de sus publicaciones a nivel nacional e internacional.

I.S.B.N.: 979-13-87540-33-3
DL AS 1789-2025

Imprime: Servicio de Publicaciones. Universidad de Oviedo

A Fernando Gómez de Liaño González

Prólogo

Dos son las razones por las que nos decidimos a publicar este libro.

La primera obedece a la experiencia docente acumulada durante los últimos años, forzada a adaptar las tradicionales explicaciones a la penuria «*crediticia*». En nuestro caso, la necesidad de síntesis expositiva se ve agravada por el hecho de que, al contrario que otros afortunados, debemos adaptar la *Introducción* y el *Proceso Penal* a la extensión de una asignatura cuatrimestral (6 ECTS). Esta publicación se dedica a la primera parte y permitirá al alumno cubrir las inevitables lagunas del argumentario docente, completando lo que en la mayoría de las ocasiones tan solo hay tiempo de apuntar.

La segunda es la vuelta a Oviedo de uno de los nuestros. Tras su paso por A Coruña, Agustín J. Pérez–Cruz ha vuelto a Oviedo y su permanente (y conocida) inquietud, ha sido determinante a la hora de motivarnos para culminar el trabajo.

Aprovechamos para dedicar este libro a Fernando Gómez de Liaño. Con su vuelta a Oviedo a finales de los ochenta, Fernando impulsó el Derecho Procesal en la Universidad de Oviedo, huérfana de Catedrático durante los tres lustros anteriores a su llegada. De su mano, los autores de este libro, nos incorporamos a la carrera universitaria y recibimos el apoyo y estímulo necesarios para avanzar en la misma. Nuestro más sincero testimonio de gratitud.

En Oviedo, a veintisiete de julio de dos mil diecinueve

Los Autores (Grupo OV–PROC)

Prólogo a la segunda edición

Con la publicación de los manuales universitarios reconocimos nuestra intención de poner a disposición de los estudiantes instrumentos útiles y fiables para la preparación de las diversas asignaturas de Derecho Procesal; ello pasa ineludiblemente por la actualización de contenidos al hilo de las numerosas reformas legislativas que vivimos.

En esta ocasión, transcurridos dos años desde la primera edición, aunque no son muchos los cambios normativos, hemos considerado conveniente ofrecer una nueva edición en la que, aparte de la actualización derivada de las modificaciones legislativas, corregimos y subsanamos algunas erratas y omisiones.

En Oviedo, nuevamente a 27 de julio de 2021.

Los Autores (grupo OV–PROC).

Prólogo a la tercera edición

Exigida por los cambios legislativos y por nuestro compromiso de actualización, presentamos una nueva edición del manual *Derecho Procesal I. Introducción al Derecho Procesal*. Lo hacemos con el convencimiento, reforzado estos años, de que ello facilita a nuestro alumnado la siempre esforzada tarea de preparar la asignatura.

Desde la anterior edición han transcurrido tres años y se han aprobado varias reformas legislativas de diversa relevancia. La actualización de un manual no debiera resultar especialmente laboriosa; sucede que, en este caso, lo verdaderamente difícil es tomar la decisión de actualizar. Son más (al menos cualitativamente) las reformas en marcha que las habidas. De estas, las habidas, se da cuenta y se han ido incorporando a los diversos apartados afectados. Pero de las otras, las que se están gestando, no podemos dar cuenta, más allá de la simple advertencia de lo que se puede estar avecinando.

En efecto, el Proyecto de Ley Orgánica de medidas en materia de eficiencia del Servicio Público de Justicia y de acciones colectivas para la protección y defensa de los derechos e intereses de los consumidores y usuarios (BOCG Serie A 16–1, 22 de marzo de 2024), si sale adelante, dará un vuelco absoluto a la organización judicial con la implantación de los Tribunales de Instancia y las Oficinas de Justicia en los municipios. No es novedad, pues asume sin fisuras uno anterior que vio frustrada su tramitación por el adelanto electoral. Qué puede pasar ahora; cualquier predicción al respecto es más un juego adivinatorio que una opinión fundada, por lo que, ante tal situación, hemos decidido no esperar, aun a riesgo de que esta actualización pueda resultar un trabajo baldío.

Cerramos así esta nueva edición, en Oviedo, a 24 de junio de 2024.

Los autores (grupo OV–PROC).

Prólogo a la cuarta edición

Ve la luz una nueva edición de este manual, que ya es la cuarta en seis años; ello da muestra de la vorágine del legislador. Tratamos de dotar de cierta continuidad a nuestras publicaciones y evitar sacar al mercado nuevas ediciones sin apenas cambios; en esta ocasión, la nueva edición quizá sea la más fácil de justificar.

No está de más recordar que en el prólogo a la anterior edición (hace más o menos un año) dijimos: «*el Proyecto de Ley Orgánica de medidas en materia de eficiencia del Servicio Público de Justicia y de acciones colectivas para la protección y defensa de los derechos e intereses de los consumidores y usuarios (BOCG Serie A 16–1, 22 de marzo de 2024), si sale adelante, dará un vuelco absoluto a la organización judicial con la implantación de los Tribunales de Instancia y las Oficinas de Justicia en los municipios. No es novedad, pues asume sin fisuras uno anterior que vio frustrada su tramitación por el adelanto electoral. Qué puede pasar ahora; cualquier predicción al respecto es más un juego adivinatorio que una opinión fundada, por lo que, ante tal situación, hemos decidido no esperar, aun a riesgo de que esta actualización pueda resultar un trabajo baldío*».

En efecto, aquel proyecto (sin las acciones colectivas) se convirtió en la LO 1/2025 y es lo más parecido a un «*tsunami*» aunque, a diferencia de éstos, no ha irrumpido de manera sorpresiva, sino que tiene una entrada en vigor escalonada. Confiamos que no asole el delicado edificio procesal, aunque sin inversiones...

Los autores (Grupo de Investigación OV–PROC), en Oviedo, a dieciocho de junio de dos mil veinticinco.

Abreviaturas y acrónimos

ADR .... Alternative Dispute Resolution
AP/AAPP .... Audiencia/Audiencias Provinciales
BOE .... Boletín Oficial del Estado
CAJG .... Comisión de Asistencia Jurídica Gratuita
CC .... Código Civil
CCAA .... Comunidades Autónomas
CDFUE .... Carta de Derechos Fundamentales de la Unión Europea
CE .... Constitución Española
CEDH .... Convenio Europeo de Derechos Humanos
CGAE .... Consejo General de la Abogacía Española
CGGS .... Consejo General de Graduados Sociales
CGPE .... Consejo General de Procuradores de España
CGPJ .... Consejo General del Poder Judicial
CP .... Código Penal
DUDH .... Declaración Universal de Derechos Humanos
EGAE .... Estatuto General de la Abogacía Española (RD 135/2021)
EGPTE... Estatuto General de los Procuradores de los Tribunales de España
EOMF .... Estatuto Orgánico del Ministerio Fiscal
FGE .... Fiscal General del Estado
JAT .... Juez de adscripción temporal
JI .... Juzgado de Instrucción
JP .... Juzgado de lo Penal
JPI .... Juzgado de Primera Instancia
JPII .... Juzgado de Primera Instancia e Instrucción
JS .... Juzgado de lo Social
LA .... Ley de Arbitraje
LAJEIP .... Ley de Asistencia Jurídica al Estado e Instituciones Públicas
LAJG .... Ley de Asistencia Jurídica Gratuita
LAPGE .... Ley de Acompañamiento de los PGE (2003)
LC .... Texto refundido de la Ley Concursal
LCJI .... Ley de Cooperación Jurídica Internacional
LEC .... Ley de Enjuiciamiento Civil
LECrim .... Ley de Enjuiciamiento Criminal
LEP .... Ley de Extradición Pasiva
LGDCU .... Ley General para la Defensa de los Consumidores y Usuarios
LH .... Ley Hipotecaria
LJCA .... Ley reguladora de la Jurisdicción Contencioso Administrativa
LJS .... Ley reguladora de la Jurisdicción Social
LJV .... Ley de la Jurisdicción Voluntaria
LMe .... Ley de Mediación en asuntos civiles y mercantiles

LTJ .... Ley de Tasas Judiciales
LM .... Ley de Mediación en asuntos Civiles y Mercantiles
LN .... Ley del Notariado
LOHC .... Ley Orgánica de Hábeas Corpus
LOMESPJ .. Ley Orgánica medidas eficiencia del Servicio Público de Justicia
LOPJ .... Ley Orgánica del Poder Judicial
LORPM .... Ley Orgánica de Responsabilidad Penal del Menor
LOTC .... Ley Orgánica del Tribunal Constitucional
LOTCu .... Ley Orgánica del Tribunal de Cuentas
LOTJ .... Ley Orgánica del Tribunal del Jurado
LRJSP .... Ley del Régimen Jurídico del Sector Público
LRRPM .... Ley reguladora de la responsabilidad penal de los menores
MARC .... Métodos Alternativos de Resolución de Conflictos
MASC .... Métodos Alternativos de Solución de Conflictos
PGD .... Principios generales del derecho
PIDCP .... Pacto Internacional de Derechos Civiles y Políticos
RAJG .... Reglamento de Asistencia Jurídica Gratuita
RDLRL .... Real Decreto Ley de Relaciones de Trabajo
SAP/SsAP .... Sentencia/Sentencias Audiencia Provincial
SOJ .... Servicio de Orientación Jurídica
STC/SsTC .... Sentencia/Sentencias del Tribunal Constitucional
STS/SsTS .... Sentencia/Sentencias del Tribunal Supremo
TC .... Tribunal Constitucional
TCu .... Tribunal de Cuentas
TEDH .... Tribunal Europeo de Derechos Humanos
TI/TTII .... Tribunal/es de Instancia
TJCE .... Tribunal de Justicia de la Comunidad Europea (hasta 2009)
TJUE .... Tribunal de Justicia de la Unión Europea (a partir de 2009)
TS .... Tribunal Supremo
TSJ .... Tribunal Superior de Justicia

Nuevas secciones en los Tribunales de Instancia

SC (TI–SC) .... Sección civil (antes JPI)
SCA (TI–SCA) .... Sección contencioso administrativo (antes JCA)
SCA (TCI–SCA) ..... Sección contencioso administrativo en TCI (antes JCCA)
SF (TI–SF) .... Sección de familia (antes JF)
SI (TI–SI) .... Sección de instrucción (antes JI)
SI (TCI–SI) .... Sección de instrucción en TCI (antes JCI)
SM (TI–SM) .... Sección mercantil (antes JM)
SMe (TI–SMe) .... Sección de menores (antes JMe)
SMe (TCI–SMe) .... Sección de menores en TCI (antes JCMe)
SP (TI–SP) .... Sección penal (antes JP)
SP (TCI–SP) .... Sección penal en TCI (antes JCP)
SS (TI–SS) .... Sección de lo social (antes JS)

SU (TI–SU) .... Sección única civil y de instrucción (antes JPII)
SVIA (TI–SVIA)........... Sección de violencia contra la infancia y adolescencia
SVM (TI–SVM) .... Sección de violencia contra la mujer (antes JVM)
SVP (TI–SVP)... Sección de vigilancia penitenciaria
SVP (TCI–SVP).......Sección de vigilancia penitenciaria en TCI (antes JCVP)

Índice

Tema 8. La postulación procesal

José María Roca Martínez

Tema 9. El proceso

Agustín Jesús Pérez–Cruz Martín

Tema 1. Conflictos jurídicos y su solución

Marcos Loredo Colunga

1.1. Planteamiento: los conflictos jurídicos

El hombre es un ser sociable por naturaleza y pretende una convivencia pacífica en comunidad. En la consecución de esta aspiración colectiva podemos ubicar el punto de partida para el estudio del derecho procesal, así que vamos a ofrecer unas pautas para reflexionar en torno a esta idea.

El Derecho, como sistema regulador, establece pautas para articular la vida en sociedad bajo parámetros de libertad y seguridad. Así las cosas, el propio ordenamiento debe garantizar el respeto de las normas jurídicas, ya que la imperatividad de las mismas conlleva la necesidad de que se articulen mecanismos que permitan su imposición coactiva. Y es el derecho procesal la rama del Derecho que nos ofrece las pautas para la adecuada resolución de los conflictos y que regula las fórmulas existentes para ello.

En la base de esta concepción se sitúa, por tanto, el conflicto, que constituye un elemento consustancial a la vida en sociedad, un fenómeno con el que tenemos que convivir y acostumbrarnos a abordar, gestionar y resolver de la forma más adecuada posible.

A estos efectos, podemos entender el conflicto como una situación de confrontación entre personas, que consideran que sus intereses de cualquier tipo o naturaleza son incompatibles entre sí, lo que dificulta la convivencia y puede generar muy distintas consecuencias.

Bajo tales parámetros, la idea que tenemos del conflicto es eminentemente negativa, como algo a evitar y que se identifica con problemas, tensión y pérdida. Sin embargo, las consecuencias que se derivan del conflicto dependen en buena medida de la actitud que adoptemos al respecto, si ignoramos o enfrentamos esa situación y, en su caso, cómo lo hacemos.

Como cuestión previa, debemos tener claro que el Derecho regula las relaciones sociales, pero no de forma exhaustiva, puesto que hay múltiples facetas de nuestra vida que quedan fuera del marco jurídico, ya sea por imposibilidad de abarcar la totalidad de las conexiones intersubjetivas, ya por falta de interés en determinadas vertientes.

En este sentido, existen normas no jurídicas, que regulan facetas de la vida, pero no de forma imperativa. Encontramos entre las mismas ciertas convenciones sociales generalmente admitidas y que consideramos como manifestaciones de buena educación o urbanidad. Se determinan por las mismas conductas esperadas y que se consideran adecuadas, pero no exigibles colectivamente (por ejemplo, saludar a los vecinos en el portal o utilizar correctamente los cubiertos en público). Entonces, su vulneración puede generar un conflicto social, pero no jurídico, luego no se establecen vías jurídicas para su solución.

Por el contrario, las normas jurídicas sí contienen previsiones imperativas, indicando conductas obligadas (pagar impuestos) permitidas (caminar libremente por la calle) y prohibidas (apropiarse de un objeto ajeno) y cuyo respeto puede ser, por tanto, exigido de forma coactiva. De manera que la vulneración de las mismas genera un conflicto jurídico, en cuyo caso el propio Derecho debe determinar las vías para su solución, garantizando así la aplicación de las normas.

En consecuencia, hay que tener en cuenta que el conflicto jurídico puede entenderse como una situación controvertida en la que se infringen abiertamente, no se respetan en sentido estricto o existe divergencia en la interpretación o aplicación de las normas jurídicas. Ello produce que se desconozcan, se discutan o se vulneren los derechos o intereses que el ordenamiento reconoce y atribuye, ante lo que es necesario aplicar una solución jurídica, articulada por el propio Derecho.

1.2. Los mecanismos para la resolución de los conflictos jurídicos

Tendemos a identificar únicamente el recurso al poder judicial, a los órganos judiciales, como la única opción existente para resolver los conflictos jurídicos, pero se trata de una visión parcial y reduccionista, ya que las posibilidades son significativamente más amplias, pues existen otras vías igualmente válidas, legítimas y eficaces.

En términos generales, en nuestro sistema se reconocen tres tipos de mecanismos de resolución de los conflictos jurídicos, en función del grado de implicación de las partes y de la eventual participación y el papel de terceros ajenos al conflicto. Así, podemos hablar de autotutela o autodefensa, de métodos autocompositivos y de fórmulas heterocompositivas.

1.2.1. La autotutela o autodefensa

La llamada autotutela o autodefensa implica la imposición coactiva de una solución mediante el uso directo del poder o la fuerza –incluso en sentido físico– por una de las partes frente a la otra. Se trata, por tanto, de una gestión eminentemente privada del conflicto, sin intervención de la autoridad pública.

Este tipo de recursos son propios de sociedades primitivas poco evolucionadas y sólo residualmente se contemplan en nuestro entorno actual, ya que un pilar fundamental del Estado de Derecho es el monopolio del uso de la fuerza por parte de los poderes públicos, vetando dicha posibilidad a los particulares.

Ello no obstante, todavía encontramos hoy en día algunas manifestaciones de autotutela en las distintas ramas de nuestro ordenamiento jurídico que resultan perfectamente legítimas, aunque puedan considerarse algo residual.

Así, en el ámbito civil, entre otras situaciones específicas, se contempla la posibilidad de cortar las raíces de los árboles que invadan nuestra propiedad (592 CC); de perseguir un enjambre por la finca ajena (612 CC); o de retener un bien en caso de posesión, usufructo, obra en cosa mueble, mandato, depósito y prenda (453, 522, 1600, 1730, 1780 y 1866 CC, respectivamente).

Por su parte, el derecho penal reconoce la legítima defensa y el estado de necesidad como causas de justificación de los delitos (20.4º y 20.5º CP), de manera que su concurrencia exime de responsabilidad criminal.

También en materia laboral se asume la legitimidad de estas vías a través de los derechos de huelga y al cierre patronal (28.2 CE y RDLRL).

En otro marco de relaciones, y ante la ausencia de un poder coactivo a nivel internacional, las tensiones entre los Estados generan con frecuencia reacciones que encajan igualmente en este esquema. En este sentido, podemos mencionar la ruptura de relaciones diplomáticas, las medidas de retorsión, las represalias o las sanciones internacionales. En cualquier caso, se trata de actuaciones que requieren la debida justificación y que tienen una eficacia limitada.

1.2.2. La autocomposición

La autocomposición implica un acuerdo aceptado por los sujetos en conflicto y alcanzado directamente entre ellos y por su cuenta o con la ayuda de un tercero imparcial, quien interviene para facilitar el diálogo y el acercamiento de las posturas de las partes.

A través de esta vía se trata de satisfacer, en la medida de lo posible, los intereses de todos los afectados, y para ello puede recurrirse a la negociación directa, a la conciliación, a la mediación, al método colaborativo o a otras fórmulas más complejas.

En cualquier caso, se trata de mecanismos que responden a un modelo social más evolucionado y que han de considerarse vías preferentes, ya que permiten alcanzar una solución mejor, al ser asumida voluntariamente por todos los implicados en el conflicto.

Únicamente hay que tener en cuenta que la negociación y el consenso son posibles siempre que se trate de materias o derechos de naturaleza disponible o dispositiva, es decir, cuando las partes tengan la posibilidad de renunciar y transigir en relación con la cuestión discutida.

En última instancia, debe destacarse la apuesta por estos mecanismos operada por la LO 1/2025, que impone la obligación de intentar un acuerdo negociado como requisito previo a la interposición de la generalidad de demandas en materia civil y mercantil (con algunas excepciones que se estudiarán en su momento).

1.2.3. La heterocomposición

En los métodos heterocompositivos las partes acuden a un tercero imparcial al que se reconoce el poder o la autoridad para dar una respuesta al conflicto, dictando una resolución que determinará el Derecho aplicable al caso concreto y que se impondrá coactivamente si no hay un cumplimiento voluntario. En esta categoría se incluyen el arbitraje y el proceso judicial, siendo el primero un mecanismo normalmente privado y el segundo el sistema público por excelencia para la resolución de los conflictos jurídicos.

1.3. La conciliación

La conciliación es un mecanismo autocompositivo de resolución de conflictos, de manera que persigue el acuerdo entre las partes implicadas. Su peculiaridad reside en que se desarrolla normalmente ante una autoridad pública que da fe del eventual acuerdo, atribuyéndole así fuerza ejecutiva al recogerlo en un documento que opera como título ejecutivo.

Se trata de una institución de larga tradición en nuestro ordenamiento, si bien su utilización y eficacia práctica son limitadas. Ello es así porque resulta infrecuente que se intente una verdadera negociación durante el acto de conciliación, de manera que, a lo más, se limita a constatar y dar carta de naturaleza a un acuerdo alcanzado en una negociación previa estrictamente privada y desvinculada del propio acto de conciliación.

Con todo, se contempla como un método propio del derecho privado, estando previsto, por tanto, para conflictos en materia civil, mercantil o laboral. En los distintos ámbitos se regula como una eventual vía previa a la contienda judicial y como una alternativa para la finalización anticipada de un proceso cuando el acuerdo se alcance en el marco del mismo.

En materia civil y mercantil, hasta 1984 resultaba obligatorio intentar una conciliación previa a la interposición de determinadas demandas. Sin embargo, esta vía previa resultada altamente ineficaz, pues se veía más como un trámite vacío de contenido que como una verdadera oportunidad de negociar y alcanzar un acuerdo. Esta situación llevó a la supresión de dicha exigencia, pasando entonces a convertirse en una actuación facultativa salvo respecto de conflictos muy puntuales en materia de arrendamientos rústicos o patentes, por ejemplo.

En 2015, con el ánimo de impulsar esta institución, se recoge en el título IX de la LJV (139–148) una regulación específica de la conciliación, normativa que se complementa con las previsiones de la LN (81–83) y de la LH (103.bis) aplicables al efecto. En consecuencia, la competencia se atribuye a notarios, registradores u órganos judiciales, siendo en este último caso responsabilidad del juez de paz o del letrado de la Administración de Justicia del tribunal de instancia correspondiente, atendiendo a la materia y cuantía del asunto.

Finalmente, al regular la obligación de intentar un acuerdo negociado como requisito previo a la interposición de demandas en materia civil y mercantil (5 y ss LO 1/2025), se incide de forma expresa en el papel de la conciliación y se regula la conciliación privada como actividad profesional (15–16 LO 1/2025), atribuyendo un papel proactivo al conciliador.

Por lo que respecta al ámbito de aplicación, la conciliación se restringe a los supuestos en que se discutan derechos de carácter disponible, excluyendo igualmente los asuntos que afecten a menores de edad, a personas con discapacidad con medidas de apoyo para el ejercicio de su capacidad jurídica, a Administraciones Públicas o en que se discuta la responsabilidad civil del personal jurisdiccional.

La situación es algo distinta en el terreno laboral (63–68 LJS). En este caso, la conciliación previa a la demanda (y no cualquier intento de acuerdo negociado) resulta obligatoria en la generalidad de supuestos, si bien se excluyen las reclamaciones en materia de Seguridad Social, la tutela de la libertad sindical, la impugnación de convenios colectivos y otras cuestiones. Y en cuanto a la competencia, se atribuye al letrado conciliador, trabajador público integrado en un órgano administrativo funcional y orgánicamente dependiente de la Consejería con competencias en materia de empleo.

Respecto del procedimiento a seguir, las fórmulas autocompositivas se caracterizan –en general– por su flexibilidad y adaptación al caso concreto. En cualquier caso, la conciliación previa al proceso debe respetar unas pautas mínimas establecidas por el legislador y que se resumen en los siguientes puntos:

- Inicio: a través de un escrito (papeleta de conciliación), presentado por el sujeto interesado ante el órgano competente.
- Desarrollo: si reúne los requisitos, se admite a trámite y se convoca a las partes a una reunión, el acto de conciliación, en la que podrán exponer sus pretensiones y argumentar al respecto, interviniendo el conciliador en la medida en que se considere oportuna para facilitar la avenencia de los implicados.
- Terminación: finalizada la negociación, se levantará acta de la misma, dejando constancia, en su caso, del acuerdo alcanzado (cuyo cumplimiento puede exigirse coactivamente y goza de fuerza ejecutiva en el caso de conciliación pública), o simplemente de que se ha intentado sin éxito (dejando entonces expedita la vía judicial).

En última instancia, hay que tener en cuenta que la actitud de las partes respecto del intento de negociación y acuerdo a través de la conciliación (inasistencia, rechazo a propuestas) puede tener consecuencias en caso de contienda judicial (por ejemplo, la imposición de las costas).

1.4. La mediación

La mediación es también un mecanismo autocompositivo de resolución de conflictos, luego persigue igualmente el acuerdo entre las partes implicadas. Se configura como una negociación asistida, en la que un sujeto de derecho privado –el mediador– facilita el diálogo y ayuda a las partes a alcanzar el acuerdo. En caso de consenso, se dejará constancia de lo pactado en un documento asimismo privado y que, en su caso, requerirá de una actuación complementaria para gozar de fuerza ejecutiva (la aprobación judicial o su elevación a escritura pública).

El papel del mediador consiste en escuchar a las partes, ayudarles a identificar sus intereses y necesidades y a ponerse en el lugar del otro, promover el entendimiento de la situación en su conjunto y la generación de opciones, facilitando la toma de decisiones y la adopción de acuerdos beneficiosos para todos.

Por tanto, el mediador ni opina, ni decide, ni resuelve, ni impone una solución, sino que se limita a crear las condiciones adecuadas para que sean las partes las que propongan las posibles opciones y decidan cuál se adapta mejor a su situación particular, procurando así la mayor satisfacción posible en relación con el conflicto.

En términos generales, esta negociación puede desarrollarse con carácter previo a la interposición de una demanda (mediación preprocesal o extrajudicial), o puede acudirse a la misma en el marco de un proceso ya existente, bien a iniciativa espontánea de las partes, bien por derivación judicial (mediación intraprocesal o intrajudicial).

El ámbito natural de la mediación son los conflictos sobre derechos disponibles, si bien en los últimos tiempos asistimos a una clara ampliación de sus posibilidades, de manera que se recurre a la mediación también en relación con cuestiones de derecho público, como ocurre en la mediación en materia penal y en la mediación con las Administraciones Públicas.

Atendiendo al fondo del asunto, a la materia sustantiva sobre la que surge la desavenencia, se habla de diferentes modalidades de mediación: familiar, empresarial, concursal, bancaria, hipotecaria, arrendaticia, sobre propiedad intelectual, sanitaria, escolar, comunitaria, laboral, penal, penitenciaria, administrativa, etc.

Con todo, la regulación más detallada la encontramos igualmente para el ámbito civil y mercantil, a través de la LM, sin perjuicio de las previsiones específicas recogidas en la LRRPM y en otra normativa sectorial.

En cualquier caso, y como regla general, todo procedimiento de mediación debe basarse en la concurrencia de una serie de principios informadores que hacen referencia a la posición y actitud tanto del mediador como de las partes:

- **Voluntariedad** y **libre disposición**: las partes deben acudir libremente a la mediación y no pueden ser obligadas a permanecer en la misma ni a llegar a ningún tipo de acuerdo, de manera son libres de abandonar o poner fin al proceso de mediación cuando lo consideren oportuno.
- **Igualdad**: la dinámica de la mediación debe garantizar que las personas en conflicto tengan las mismas oportunidades de intervenir, exponer, opinar, etc.
- **Lealtad**, **buena fe** y **respeto mutuo**: se exige a todos los participantes una actitud adecuada y coherente con la filosofía de la autocomposición.
- **Imparcialidad** y **neutralidad**: el mediador debe ser un profesional ajeno al asunto, independiente de las partes y que no actúe ni en perjuicio ni en interés de ninguna de ellas.
- **Confidencialidad**: no podrá utilizarse la información o documentación aportada a la mediación fuera de la misma, ni el mediador podrá intervenir como perito o testigo en un proceso judicial relacionado, salvo autorización expresa de las partes o requerimiento judicial en el marco de un proceso penal.

En cuanto al procedimiento, pese a la consustancial flexibilidad, existen unas indicaciones básicas que se pueden resumir en las siguientes pautas para su desarrollo:

- **Inicio**: a solicitud de ambas partes o de una en virtud de acuerdo previo, sin perjuicio de la eventual derivación judicial.
- **Sesión informativa**: reunión individual o conjunta en la que el mediador traslada a las partes información suficiente sobre lo que implica la mediación y el papel del mediador.
- **Sesión constitutiva**: reunión conjunta en la que se deja constancia de la voluntad de iniciar una mediación y de las cuestiones relativas a la misma.
- **Desarrollo**: reuniones conjuntas o individuales en las que se expondrán las posiciones, se identificarán los intereses y necesidades y, en su caso, se harán propuestas que serán valoradas para su aceptación o rechazo, buscando un acuerdo que no siempre se alcanza.
- **Terminación**: finalización de la negociación, con o sin acuerdo, siendo recogido por escrito y firmado en el primer caso.

Pese al esfuerzo legislativo y a las diferentes iniciativas públicas y privadas impulsadas en los últimos años, la mediación tiene una implantación muy limitada en nuestro país. Sólo un porcentaje mínimo de asuntos se resuelven por esta vía y las estadísticas oficiales ofrecen unos resultados muy magros.

Se trata, por tanto, de una institución todavía poco conocida y la sociedad aún no es consciente de su potencial y utilidad práctica. Con todo, se espera que la obligación del intento de un acuerdo negociado previo a la demanda impuesto por la LO 1/2025 favorezca su desarrollo en el ámbito civil y mercantil.

1.5. El arbitraje

El arbitraje es un mecanismo heterocompositivo de resolución de conflictos jurídicos, lo que implica que la decisión viene impuesta por un tercero imparcial que ocupa una posición de superioridad respecto de las partes a estos efectos.

Se trata de una vía alternativa y excluyente del proceso judicial, si bien su ámbito es más limitado, pues procede únicamente ante conflictos sobre materias disponibles.

La principal diferencia con el proceso judicial estriba en que, en el arbitraje, el tercero llamado a resolver es, normalmente, un sujeto de Derecho privado –el árbitro– que es investido de dicha potestad por voluntad de las partes, quienes delegan en el mismo la capacidad de determinar la solución para el caso y asumen su obligatoriedad, pudiendo imponerse coactivamente en otro caso.

El arbitraje tiene, por tanto, un origen y un fundamento netamente contractual, ya que son las partes quienes convienen en someterse al arbitraje y asumir el resultado. Dicho acuerdo se formaliza a través de un convenio arbitral, documento escrito y firmado en el que los implicados pactan la derivación de un litigio potencial o existente al arbitraje y se comprometen a acatar la decisión del árbitro. Tal previsión puede ser una cláusula más de un contrato o un acuerdo específico e independiente.

En cualquier caso, lo relevante es que, en virtud del convenio arbitral, se excluye la opción de acudir a un proceso judicial en caso de conflicto y se asume la obligatoriedad del laudo arbitral que resuelva sobre el mismo.

En nuestro sistema, el arbitraje constituye la fórmula distinta del proceso judicial más desarrollada desde un punto de vista normativo y también la que cuenta con mayor aplicación práctica, sobre todo en sectores como el consumo o el comercio internacional. En este sentido, hay que tener en cuenta que, además de la regulación común recogida en la LA, existe normativa sectorial para ámbitos como el consumo, los seguros, el transporte terrestre, la propiedad intelectual o el arbitraje laboral.

En otro orden de cosas, y atendiendo a diversos criterios, pueden distinguirse varias modalidades o clases de arbitraje, de las que vamos a destacar las siguientes:

- **Arbitraje en Derecho**: constituye la regla general, de manera que, salvo que las partes pacten otra cosa, se aplicarán las normas jurídicas vigentes para resolver el conflicto.
- **Arbitraje en equidad**: cuando las partes así lo establezcan de forma expresa, el árbitro podrá adoptar una decisión de acuerdo con sus propios criterios personales (técnicamente *"según su leal saber y entender"*).
- **Arbitraje individual**: implica que el árbitro es designado *ad hoc* para el caso concreto.
- **Arbitraje institucional**: supone que las partes se remiten a una institución especializada para la constitución del tribunal arbitral (por ejemplo, el Sistema Arbitral de Consumo).

En cuanto al procedimiento, rige un criterio de flexibilidad, de manera que las partes pueden pactar las reglas aplicables o someterse al reglamento propio de una institución arbitral. En cualquier caso, deben respetarse unas garantías mínimas, derivadas de la vigencia de los principios de igualdad, audiencia y contradicción. Con todo, el esquema habitual reproduce la estructura esencial del proceso judicial y se ajusta al siguiente contenido:

- **Inicio**: por medio de una demanda que introduzca los hechos, los fundamentos jurídicos y la pretensión, acompañada de la documentación pertinente y con referencia a las posibles pruebas a practicar.
- **Desarrollo**: contestación de la contraparte y práctica de la prueba.
- **Terminación**: a través de uno o varios laudos que resuelvan a las cuestiones planteadas.

En última instancia, hay que tener en cuenta que, pese a ese carácter alternativo y excluyente del proceso judicial, existe una importante interacción entre ambas vías, ya que la potestad del árbitro resulta más limitada y deberá requerirse la intervención judicial para algunas actuaciones como las siguientes:

- Imponer el respeto de la cláusula arbitral acordando la derivación a arbitraje a través de una declinatoria.
- Formalizar el arbitraje ante la falta de acuerdo de las partes al respecto.
- Adoptar medidas cautelares o practicar determinadas pruebas.
- Impugnar el laudo a través de la acción de anulación o la revisión.
- Ejecutar forzosamente el laudo condenatorio no cumplido espontáneamente.

1.6. El proceso judicial

El proceso judicial es también un mecanismo heterocompositivo de resolución de conflictos jurídicos, lo que implica –según hemos visto– que la decisión viene impuesta por un tercero imparcial con poder para ello. Se trata de una vía alternativa y excluyente del arbitraje, si bien su ámbito es más amplio, pues procede ante cualquier tipo de conflicto jurídico y, además, es la única opción posible ante conflictos sobre derechos indisponibles.

En cualquier caso, debemos considerarlo como vía subsidiaria y acudir al mismo siempre que no resulte viable o efectiva ninguna de las alternativas vistas o cualquier otra que pueda ser adecuada para el caso concreto.

Su diferencia con el arbitraje estriba en que los terceros llamados a resolver son sujetos de derecho público, jueces o magistrados, que son investidos por ley de la autoridad para resolver el caso e imponer coactivamente su decisión ante la falta de cumplimiento voluntario.

Obviamente, el derecho procesal se ocupa, entre otras cuestiones, del proceso judicial, y al estudio de los aspectos generales relativos al mismo se dedica la parte introductoria de esta asignatura.

Por otra parte, es importante tener en cuenta que, desde hace años, se ha impuesto a nivel internacional el uso del acrónimo ADR (*Alternative Dispute Resolution*) para hacer referencia a los mecanismos de resolución de conflictos distintos del proceso judicial, ya se configuren como verdaderas alternativas, ya como fórmulas complementarias dentro de un sistema integral de resolución de conflictos. Dicha terminología se utiliza igualmente en nuestro idioma, donde convive con la fórmula MASC (Métodos Adecuados de Solución de Conflictos) consagrada recientemente por el legislador.

En este punto, podemos contraponer los ADR o MASC al proceso judicial y sistematizar las principales diferencias y confluencias existentes entre ambos modelos:

ADR / MASC	PROCESO JUDICIAL
Preferencia	Subsidiariedad
Voluntariedad	Voluntariedad u obligatoriedad
Materias disponibles	Cualquier conflicto jurídico
Regulación limitada y subsidiaria	Regulación exhaustiva e imperativa
Simplicidad y flexibilidad del procedimiento	Mayor formalismo y rigidez del procedimiento
Control judicial limitado	Extenso control interno
Posible ejecución forzosa en vía judicial	Incluye la posibilidad de ejecución forzosa
Agilidad y habitualmente mayor rapidez	En ocasiones, duración excesiva y dilaciones
Mayor control y adecuación de los costes	A veces descontrol y desproporción de los costes

En cualquier caso, una mayor oferta es deseable, en la medida en que amplíe las posibilidades de elección del usuario. En este sentido, es importante que los sistemas no compitan, sino que se complementen para ofrecer siempre una alternativa viable y eficaz, adaptada a las necesidades y preferencias de los sujetos implicados, y con una duración y unos costes adecuados a la complejidad y a la relevancia económica y jurídica del conflicto.

1.7. La elevada judicialización de los conflictos jurídicos

Una visión histórica determina que en las sociedades menos evolucionadas priman el poder y la fuerza como criterios preferentes para la resolución de los conflictos, lo que se traduce en un predominio de la autotutela o autodefensa.

Por el contrario, la evolución social ha ido determinando la primacía de los intereses de las partes en la resolución de los conflictos, en detrimento tanto del recurso a la fuerza como de la imposición coactiva de las consecuencias jurídicas.

Sin embargo, en nuestro país se aprecia todavía una elevada judicialización de los conflictos jurídicos, situando las fórmulas autocompositivas en una posición ciertamente residual. Las causas de esta tendencia excesiva a derivar a la vía judicial la generalidad de asuntos pueden encontrarse en la concurrencia de diversas circunstancias que afectan a los distintos actores implicados (el propio sistema, los ciudadanos y los abogados):

- Un Estado protector cada vez más intervencionista que no fomenta la autonomía.
- Una sociedad educada en una cultura eminentemente confrontativa, en la que se delega la resolución de los problemas propios y que desconoce la existencia de otras opciones.
- Y una abogacía con una formación eminentemente jurídica y orientada al proceso casi en exclusiva, con un conocimiento limitado de las alternativas y su potencial.

En cualquier caso, podemos encontrar igualmente indicadores que ponen de manifiesto que estamos en un momento de transición, de cambio hacia un modelo que en el que se integren de forma más equilibrada los ADR o MASC y el proceso judicial:

- La propia ineficacia del modelo y sus limitaciones, que se traducen en mayores restricciones en el acceso, obligando a explorar la negociación y el acuerdo como opciones previas.
- El aumento del nivel de exigencia por parte de la sociedad, la insatisfacción con el sistema judicial y una nueva cultura e interés personal en mantener el control sobre las situaciones que nos afectan.
- La formación de los profesionales en técnicas de negociación y métodos alternativos en general, desarrollando un perfil de abogado no litigante que se traslada al cliente.

Tema 2. El Derecho Procesal

José María Roca Martínez

2.1. El Derecho Procesal en el ordenamiento jurídico.

2.1.1. Origen, evolución y caracteres

Al aproximarse al estudio del Derecho Procesal conviene delimitar los dos sentidos con que se utiliza esta terminología. Por un lado, Derecho Procesal identifica una rama del ordenamiento jurídico, es decir, una parcela del mismo constituida por las normas procesales que configuran el denominado Sistema Procesal; por otro, se identifica con una disciplina jurídica especializada, una rama de la ciencia jurídica que se ocupa del estudio de esa parcela del ordenamiento jurídico, de sus instituciones y principios.

Como disciplina jurídica su nacimiento se sitúa de manera casi unánime durante la segunda mitad del XIX en Alemania y tuvo su origen en la discusión en torno a la *actio* entre WINSCHEID y MUTHER que condujo a la superación de las concepciones romanistas. La definición de CELSO como derecho a perseguir en juicio lo que es debido (*actio nihil aliud est quam ius persequendi iudicio quod sibi debetur*) estuvo presente hasta SAVIGNY, para quien la acción era el derecho que surgía de la vulneración de otro derecho; a la polémica suscitada cabe atribuir el mérito de desligar la acción del derecho y, a partir de ahí, reconocer la autonomía del acceso al proceso con independencia del derecho reclamado. El impulso científico a la disciplina vino de la doctrina austriaca e italiana, trasladándose a España de la mano de BECEÑA GONZÁLEZ, considerado el primer procesalista nacional; el desarrollo vino de la mano de ALCALÁ–ZAMORA CASTILLO, GÓMEZ ORBANEJA, GUASP DELGADO, PRIETO–CASTRO FERRÁNDIZ, en un primer momento, y posteriormente con FAIRÉN GUILLÉN y FENECH NAVARRO.

De ese esfuerzo de la doctrina procesal por deslindar e independizar el Derecho Procesal del derecho sustantivo y ganar así autonomía conceptual y científica surgieron los conceptos básicos de la disciplina: jurisdicción, acción y proceso, que aún hoy son su núcleo central.

El Derecho Procesal pertenece a la esfera del **derecho público** y ello, en razón, principalmente, a dos argumentos: la intervención de órganos públicos estatales que se encuentran en una situación *supra* partes (órganos jurisdiccionales) y el ejercicio de una función o actividad pública estatal (potestad jurisdiccional). Las normas procesales quedan mayoritariamente fuera del alcance de la autonomía de la voluntad, siendo de obligado cumplimiento; las partes no pueden adaptar el proceso a su conveniencia ni regular su desarrollo, aunque dispongan de ciertas facultades cuando está presente el principio dispositivo (actos de disposición –19 a 22 LEC–, determinación de la competencia por sumisión –54 y 55 LEC–, terminación por acuerdo –415 LEC–).

Se trata de un **derecho autónomo**, destacando con ello su independencia respecto a las demás ramas jurídicas. Hasta consolidar su autonomía científica actual, era considerado un apéndice del derecho sustantivo o material; sin embargo, la formulación de fundamentos conceptuales y principios propios, han permitido construir una disciplina jurídica y un sistema normativo autónomos. No se trata de negar la conexión que existe entre ambos, que puede llegar a condicionar aspectos del Derecho Procesal (autonomía de la voluntad y principio de oportunidad, legalidad penal y principio de necesidad), ni de crear artificiosas parcelas, rescatando viejas polémicas; se trata de alcanzar su verdadera ubicación en el ordenamiento que solo se comprenderá a partir de la aclaración de su pretendida instrumentalidad en relación con la autonomía. Situar el Derecho Procesal al servicio del derecho sustantivo y, con ello, atribuirle un carácter instrumental es un error en el que se cae por quedarse en la superficie, en la apariencia, sin avanzar hacia el fondo, sin adentrarse en la auténtica finalidad de las normas procesales. De manera sintética, aunque el proceso se conecte inicialmente con el derecho e interés invocados en el mismo, es decir, con el derecho sustantivo, subsiste sin éste en tanto se desarrolla con independencia del reconocimiento o no del derecho o interés invocado; el supuesto derecho instrumental se torna, así, en **derecho garante** pero no del derecho sustantivo, sino del más trascendente derecho a la tutela judicial, de manera que el «todos» del artículo 24.1 CE pasa a ser el centro de atención.

2.1.2. <u>Contenido, funciones y concepto</u>

La evolución del Derecho Procesal consolidó como núcleo central de la disciplina el estudio de tres conceptos: jurisdicción, acción y proceso. A partir de ahí, los distintos autores ponen mayor o menor énfasis en cada uno de ellos, aportando distintas visiones, mostrando una inequívoca falta de sincronía. Sin negar la importancia del estudio apriorístico y desvinculado del derecho positivo de tales conceptos, sería un error quedarse ahí y obviar la trascendencia que la Constitución ha tenido en la moderna configuración **garantista** del Derecho Procesal. Como punto de partida se debe destacar el reconocimiento de la cláusula general de acceso a la Justicia contenida en su artículo 24.1 (ver también el 47 CDFUE); todo el sistema procesal opera dentro del ordenamiento jurídico como un sistema de garantías del propio ordenamiento, siendo función principal de las normas procesales desarrollar y garantizar esa cláusula general de tutela judicial para cumplir la exigencia constitucional de eficacia.

El siguiente esquema resume el **contenido** del Derecho Procesal:

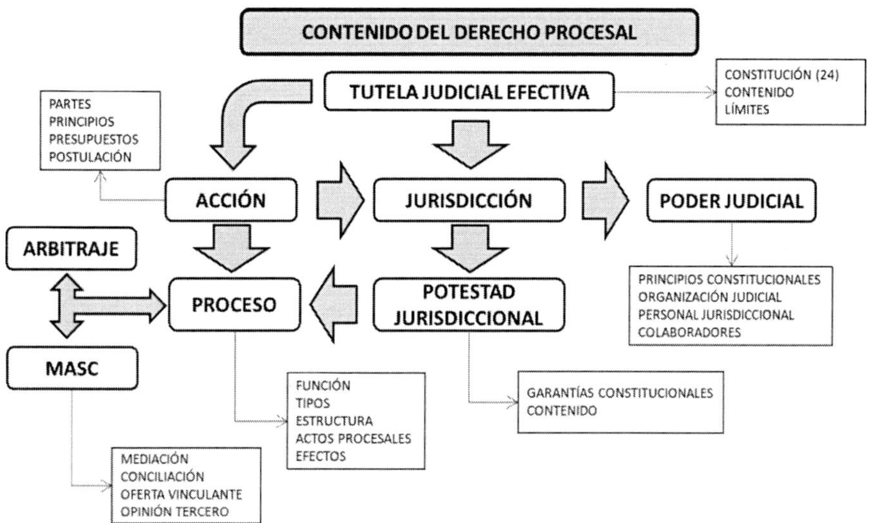

La efectividad que debe caracterizar al derecho a la tutela judicial reconocido a todas las personas, se organiza por el Estado en torno al concepto de jurisdicción, en su doble manifestación orgánica (Poder Judicial) y funcional (potestad jurisdiccional); corresponde al ciudadano poner en marcha el sistema (acción) que se desarrolla a través de un instrumento reglado (proceso). Las garantías procesales se extienden a la jurisdicción, a la acción y al proceso, que siguen siendo los conceptos básicos de la disciplina y que serán objeto de análisis a lo largo de esta obra. El moderno Derecho Procesal, sin abandonar el estudio de los conceptos tradicionales, ha evolucionado hacia su configuración como sistema de garantías; garantías respecto a la organización del Poder Judicial y respecto al ejercicio de la potestad jurisdiccional consistente en juzgar y ejecutar lo juzgado; garantías respecto a la acción como derecho público subjetivo de toda persona de acceder a la Justicia; y garantías en cuanto al proceso como instrumento a través del cual se desarrolla la actividad jurisdiccional. En la actualidad, no faltan voces que aprovechando la inercia legislativa y la obligatoriedad con que se han implantado en el proceso civil los denominados MASC (medios adecuados de solución de controversias), proponen su integración en el ámbito de la tutela judicial. Una cosa es que los MASC requieran la atención del Derecho Procesal como parte de su objeto de estudio (en tanto alternativas a la solución jurisdiccional de las controversias) y otra muy distinta que la tutela efectiva que reconoce la CE es la judicial, que solo puede ser proporcionada por los jueces y magistrados integrantes del Poder Judicial.

Para explicar la **función** del Derecho Procesal en el ordenamiento jurídico ha sido (y sigue siendo) habitual tomar como punto de partida la idea de conflicto y la necesidad de preservar la paz social. Sin negar la relevancia de esta visión conflictual, resulta insuficiente para explicar el fenómeno procesal en la medida en que no siempre va unido al conflicto, al menos entendido como contraposición de intereses; en un divorcio de mutuo acuerdo o en un proceso penal con conformidad del acusado no hay controversia, sin embargo, la actuación procesal es necesaria porque sin ella no hay ni divorcio ni condena penal. Entiendo más apropiado considerar que el Derecho Procesal gira en torno a la tutela judicial y que su función es garantizar la efectividad de ese derecho constitucional. Reconocer el derecho a la tutela judicial implica, a su vez, establecer los instrumentos para garantizar su eficacia y ahí es donde hemos de situar al Derecho Procesal. Invocando un derecho o interés legítimo se puede solicitar la tutela judicial; ello puede hacerse por considerar vulnerado ese derecho o interés (vulneración por el prestatario que no devuelve el préstamo, por quien se apodera de un bien ajeno, por el empresario que no paga el salario convenido o por el ayuntamiento deniega una licencia); a través del Derecho Procesal se determinará si ello ha sido así y, en su caso, se restablecerá la legalidad. Pero también se puede solicitar la tutela judicial sin necesidad de acudir a la vulneración del derecho o interés invocado, sino sencillamente porque el ordenamiento jurídico exige un pronunciamiento judicial (divorcio de mutuo acuerdo, incapacitación instada por el presunto incapaz).

Son múltiples las definiciones que se han formulado, todas ellas válidas y útiles en la medida en que responden a los diversos planteamientos que cada autor sostiene. En este caso, a la vista del contenido y las funciones que se han expuesto, se puede concluir que el Derecho Procesal es la rama del ordenamiento jurídico reguladora de las normas dirigidas a garantizar la eficacia del derecho a la tutela judicial reconocido constitucionalmente.

2.1.3. Ramas del Derecho Procesal

La autonomía del Derecho Procesal que se ha expuesto no puede ocultar la inescindible relación que mantiene con las demás ramas del ordenamiento jurídico, que determina a su vez la existencia de sus distintas ramas. La doctrina procesal se ha esforzado en la construcción de una parte general común, si bien el éxito se circunscribe a la literatura jurídica y, si acaso, al ámbito académico, pero en modo alguno ha alcanzado la esfera normativa, por más que la LEC haya nacido con la aspiración de convertirse en norma supletoria en «*defecto de disposiciones en las leyes que regulan los procesos penales, contencioso administrativos, laborales y militares*» (4

LEC). La existencia de distintas ramas se sostiene, además, en su correspondencia con los órdenes jurisdiccionales existentes y con la regulación legislativa de los respectivos procesos.

Con el Derecho Constitucional tiene en común que ninguno de los dos son derechos sectoriales, limitados a ámbitos materiales específicos del ordenamiento, sino que ambos sirven a todo el derecho. El Derecho Constitucional fundamenta todas las demás ramas; el Derecho Procesal instrumenta su efectividad y actúa como garantía de su cumplimiento. Siguiendo a ALMAGRO NOSETE, es posible distinguir un Derecho Constitucional Procesal, del que forman parte los preceptos constitucionales cuyo fin es la fijación, con rango constitucional, de determinados principios y reglas reguladoras del Poder Judicial (117 y ss. CE) y de las garantías procesales básicas (24.2 CE), y un Derecho Procesal Constitucional constituido por normas procesales dirigidas a garantizar la efectividad de la tutela constitucional (procesos constitucionales regulados en la LOTC).

La organización judicial ha adquirido una especial significación pudiendo hablarse de un Derecho Procesal Orgánico, no solo porque legislativamente se identifica con la LOPJ, sino porque sus principios constitucionales son uno de los soportes fundamentales del Estado de Derecho.

En el ámbito del derecho privado (civil y mercantil), las pretensiones de tutela se canalizan a través del proceso civil, siendo el Derecho Procesal Civil la rama sobre la que históricamente se ha construido la disciplina. En los últimos años, el Derecho de Consumo viene experimentando una expansión significativa, mostrándose como una especialidad (con cierta autonomía) dentro del Derecho Civil y Mercantil; de ello se han derivado importantes consecuencias procesales, con reformas legislativas incitadas por el TJUE, como consecuencia de las cuales se ha comenzado a hablar de un Derecho Procesal de Consumo.

La aplicación del Derecho Penal se hace a través del proceso penal, que se ocupa de la aplicación del «ius puniendi». El Derecho Procesal Penal no despertó la debida atención histórica, si bien a partir de la Constitución ha experimentado una significativa revitalización.

El Derecho Procesal Administrativo (identificado como contencioso administrativo) regula los procesos en los que interviene una Administración Pública cuando actúa como tal.

Por último, el Derecho Procesal Laboral, en su origen especialidad del Derecho Procesal Civil, se ha separado de éste con la finalidad de adecuarse a las exigencias del moderno Derecho del Trabajo, a través de la regulación de un proceso rápido y sencillo. La evolución hacia la oralidad de la LEC aproxima el proceso laboral a su origen como proceso civil especial, justificado más por razones de conveniencia social que jurídico procesales.

Como conclusión, en la actualidad la autonomía del Derecho Procesal no se discute respecto a sus ramas principales (civil y penal), pero no se ha conseguido respecto al Derecho del Trabajo y al Derecho Administrativo, principalmente por el desinterés de los procesalistas que se han mostrado impasibles ante lo que VÁZQUEZ SOTELO calificó de «pastoreo furtivo».

2.2. Fuentes del Derecho Procesal

2.2.1. Fuentes de conocimiento, normativas y doctrinales

Este apartado se dedica al estudio de las fuentes de conocimiento del derecho procesal, entendiendo por tales los instrumentos a través de los cuales se manifiestan las reglas jurídicas que configuran la disciplina y que permiten conocer el contenido de la misma. Entre las fuentes de conocimiento tienen especial importancia las «fuentes normativas», ya que el Sistema Procesal es, ante todo, un sistema normativo por lo que las normas son el principal vehículo para acceder al contenido del mismo, aunque junto a ellas, analizaremos también las «fuentes doctrinales».

Dentro de las fuentes normativas, la doctrina procesal se ha cuestionado la aplicación de la enumeración contenida en el artículo 1.1 del código civil, pensado "para el fallo en la cuestión de fondo, no para la actividad que conduce a la resolución sobre la consecuencia jurídica cuya declaración piden las partes" (GÓMEZ ORBANEJA), que "se refiere tan sólo a normas de las que son destinatarias las partes, y después son aplicadas por el juez en el proceso, es decir, tienen carácter exclusivamente material por su origen" (PRIETO–CASTRO FERRÁNDIZ). Indudablemente, la ley ocupa un lugar destacado, al existir un amplio catálogo de materias reservadas a la misma, si bien ello no debe llevar a la negación de la existencia de otras fuentes.

Junto a las fuentes normativas que se analizarán a continuación, resulta inevitable hacer referencia a las fuentes doctrinales, instrumento imprescindible para la investigación y estudio de cualquier disciplina. La doctrina científica desempeña un importante papel en el desarrollo del Derecho Procesal, destacando entre sus principales funciones: la sistematización, elaborando los fundamentos conceptuales que contribuyen a proporcionar solidez al sistema procesal; el análisis, interpretación y complementación del derecho positivo, facilitando su aplicación y salvando las posibles lagunas existentes; la actualización del derecho positivo, principalmente a través del análisis y sistematización de la jurisprudencia; la elaboración de propuestas «lege ferenda» que sirvan de base a reformas y actualizaciones del derecho positivo.

2.2.2. La Constitución

La Constitución es la fuente primera del ordenamiento jurídico y su eficacia no se limita a ser un catálogo de meros principios, sino que "*es una norma jurídica, la norma suprema de nuestro ordenamiento que, como tal, tanto los ciudadanos como los poderes públicos, por consiguiente también los Jueces y Magistrados integrantes del poder judicial, están sujetos a ella. Por ello es indudable que sus preceptos son alegables ante los Tribunales*..." (STC 2ª 16/1982, de 28 abril). Aparte de los principios constitucionales relativos a las garantías procesales básicas y a la organización del Poder Judicial, su fuerza expansiva permite que los órganos jurisdiccionales no apliquen las normas preconstitucionales que consideren contrarias a la misma (DD.3ª CE), que examinen la adecuación de cualquier ley a la Constitución si de ello depende el fallo para plantear la cuestión de inconstitucionalidad ante el Tribunal Constitucional (35 LOTC) y que no apliquen los Reglamentos o cualquier otra disposición de rango inferior a la Ley contrarios a la Constitución, a la ley o al principio de jerarquía normativa (6 LOPJ); por otro lado, en todos los casos en que, conforme a la ley, proceda recurso de casación, es suficiente para fundamentarlo la infracción de cualquier precepto constitucional (5.4 LOPJ).

2.2.3. Los tratados internacionales

La relevancia de los tratados internacionales tiene una doble manifestación: como fuente directa en tanto forman parte del ordenamiento interno (96 CE) y como parámetro de interpretación de los derechos fundamentales y libertades (10.2 CE).

La incidencia en materia procesal es múltiple y variada: extradición, comunicación de antecedentes penales, reconocimiento y ejecución de decisiones judiciales, práctica de pruebas en el extranjero, arbitraje, etc.; incluso algunos convenios establecen sus propios mecanismos de tutela, como es el Convenio para la protección de los derechos humanos y de las libertades fundamentales (Roma, 4 de noviembre de 1950), que instituye dos órganos encargados de salvaguardar el cumplimiento del propio Convenio: la Comisión Europea de Derechos Humanos (Reglamento interno de 13 de diciembre de 1974) y el Tribunal Europeo de Derechos Humanos (Reglamento interno de 18 de septiembre de 1959).

La LO 6/2000, de 4 de octubre, autorizó la ratificación por España del Estatuto de la Corte Penal Internacional (Roma, 18 de julio de 1998) que tuvo lugar el 7 de mayo de 2020 (Instrumento de Ratificación, BOE 126, de 27 de mayo de 2002); se trata de un tribunal con vocación de generalidad y permanencia, con competencia para el enjuiciamiento de los crímenes de mayor trascendencia para la comunidad internacional.

2.2.4. El derecho de la Unión Europea

La eficacia directa del derecho de la Unión Europea respecto a los Estados miembros y a sus nacionales es algo incontrovertido desde la STJCE de 5 de febrero de 1963 (C–26/62, Van Gend & Loos). Entre los objetivos de la UE destaca el camino hacia un espacio judicial común, utilizando para ello tanto los reglamentos de aplicación directa, como las directivas que, si bien requieren transposición, a través del TJUE vienen teniendo una destacada incidencia. Los **reglamentos** aprobados en materias procesales son numerosos: competencia y auxilio judiciales (extradición, comisiones rogatorias, comunicación de antecedentes), orden europea de detención, proceso monitorio y de escasa cuantía, título ejecutivo europeo para créditos no impugnados. Las **directivas** con incidencia procesal también son numerosas; baste como ejemplo la reforma procesal de 2015, justificada, entre otras razones, en la necesaria transposición de diversas directivas sobre el derecho a interpretación y traducción en los procesos penales, sobre el derecho a la información en los procesos penales, sobre el derecho a la asistencia de letrado en los procesos penales y en los procedimientos relativos a la orden de detención europea y el derecho a que se informe a un tercero en el momento de la privación de libertad y a comunicarse con terceros y con autoridades consulares durante la privación de libertad o sobre el embargo y el decomiso de los instrumentos y del producto del delito en la Unión Europea.

2.2.5. La ley procesal y su eficacia en el tiempo y en el espacio

2.2.5.1. Principio de legalidad procesal

La opinión más extendida en la doctrina sostiene la especial significación de la Ley como fuente del Derecho Procesal y es lo cierto que el principio de legalidad adquiere especial relevancia. Las materias de naturaleza procesal que son objeto de reserva de ley en la CE son numerosas; por un lado y con la garantía reforzada que supone la exigencia del carácter orgánico, todo lo que afecta a los derechos fundamentales y libertades públicas (81 CE), la constitución, funcionamiento y gobierno de los juzgados y tribunales y el estatuto jurídico de jueces y magistrados, así como la regulación del CGPJ (122.1 y 2 CE) o la organización del TC (165 CE); por otro lado, la CE reserva a la ley ordinaria la regulación de la predeterminación del juez (24.2), de las garantías de la inamovilidad judicial (117.2), de los requisitos de la justicia gratuita (119 CE), del secreto de las actuaciones (120 CE), del funcionamiento anormal de la Justicia (121) o del estatuto orgánico del Ministerio Fiscal (124.3 CE).

El principio de legalidad procesal se reconoce expresamente en el primer artículo de la LEC y de la LECrim y de manera implícita en numerosos preceptos de la LJCA y de la LJS.

2.2.5.2. La competencia legislativa

La legislación procesal es materia sobre la que el Estado tiene competencia exclusiva, sin perjuicio de las necesarias especialidades que en este orden se deriven de las particularidades del Derecho sustantivo de las CCAA (149.1.6º CE). El TC ha sido restrictivo, creo que de forma acertada, al examinar la existencia de esa «necesidad de especialidades» en materia procesal; la ha negado reiteradamente en STC 71/1982, de 30 de noviembre (Estatuto del Consumidor del País Vasco), STC 83/1986, de 26 de junio (ley de normalización lingüística de Cataluña), STC 123/1988, de 23 de junio (ley de normalización lingüística de Islas Baleares), STC 159/1991, de 18 de julio (ley del Principado de Asturias sobre Presidente y Consejo de Goberno), STC 121/1992, de 28 de septiembre (ley de regulación de los arrendamientos históricos de la Comunidad Valenciana), STC 173/1998, de 23 de julio, de Asociaciones del País Vasco), STC 92/2013, de 22 de abril (ley sobre ordenación territorial y régimen urbanístico de Cantabria), STC 21/2012, de 16 de febrero (Código de familia de Cataluña). Excepcionalmente se ha admitido la constitucionalidad como «necesaria especialidad» que *inevitablemente* se deduce y que viene requerida por la *conexión directa con las particularidades del Derecho sustantivo autonómico* la eliminación de la cuantía litigiosa (*summa gravaminis*) para acceder a la casación foral (STC 47/2004, de 25 de marzo sobre la ley gallega reguladora del recurso de casación en materia de Derecho civil especial).

2.2.5.3. Leyes procesales orgánicas y ordinarias

Los aspectos relativos a la constitución, funcionamiento y gobierno de los Juzgados y Tribunales, así como el estatuto jurídico de los Jueces y Magistrados de carrera y del personal al servicio de la Administración de Justicia requieren desarrollo a través de ley orgánica (122 CE), siendo la Ley Orgánica 6/1985, de 1 de julio, del Poder Judicial el núcleo normativo fundamental. La LOPJ reproduce y desarrolla principios constitucionales orgánicos y funcionales del Poder Judicial, realiza el principio de unidad jurisdiccional (suprimiendo tribunales especiales y unificando la carrera judicial), configura una nueva ordenación del autogobierno del Poder Judicial (CGPJ), fija la extensión y límites de la jurisdicción española, se establece una nueva planta y nuevas competencias de los juzgados y tribunales (con desarrollo en la Ley 38/1988, de 28 de diciembre, de Demarcación y Planta judicial), regula el estatuto jurídico de jueces y magistrados (recogiendo nuevas formas de ingreso en la carrera judicial), de los colaboradores y auxiliares y del personal al servicio de la Administración de Justicia. Desde su entrada en vigor ha sido objeto de numerosas reformas de mayor o menor calado, siendo las más relevantes las llevadas a cabo por las leyes orgánicas 7/1988 (crea los juzgados de lo penal, 16/1994, 8/2003 (crea los juzgados de lo mercantil), 19/2003, 1/2004 (en materia de violencia de género), 1/2009 (implanta la nueva oficina judicial), 4/2013 (reorganiza el CGPJ), 7/2015 y

4/2018. Mención especial e inevitable merece la LO 1/2025 en tanto reformadora de la LOPJ; dos son las principales modificaciones a tener en cuenta: la sustitución de los órganos unipersonales (JPI, JPII, JI, JP, JVM, JCA, JM, JMe y JS) por los Tribunales de Instancia (TI), integrados por secciones, y la configuración de las nuevas Oficinas de Justicia en los municipios (OJM), a las que nos referiremos en la Lección 4.

Aparte de la LOPJ, la afectación de derechos fundamentales y libertades públicas hace que muchas de las reformas procesales se realicen a través de la aprobación simultánea de una ley ordinaria y una ley orgánica, bien por llevar aparejada la reforma de la LOPJ (el procedimiento abreviado y la creación de los juzgados de lo penal o el proceso concursal y la creación de los juzgados de lo mercantil), bien por afectar a derechos fundamentales (reforma de las diligencias de investigación restrictivas de derechos y del derecho de defensa por la LO 13/2015 y L 41/2015). El incumplimiento de esta exigencia ha dado lugar a alguna declaración de inconstitucionalidad (STC 132/2010 de 2 de diciembre, respecto al 763.1 LEC).

El núcleo básico de la legislación procesal lo constituyen las cuatro leyes que regulan respectivamente el proceso civil (LEC), penal (LECrim), laboral (LJS) y contencioso administrativo (LJCA). Hay, no obstante, algunas leyes comunes a las distintas ramas, como la Ley de Planta y Demarcación Judicial (LPDJ), la Ley de Asistencia Jurídica Gratuita (LAJG) y su reglamento (RAJG) y la Ley de Conflictos Jurisdiccionales (LCJ).

El proceso civil estuvo regulado durante más de un siglo en la LEC 1881, siendo sustituida por la vigente Ley 1/2000, de 7 de enero, de Enjuiciamiento Civil supuso, en su momento, una auténtica transformación, abandonando el modelo decimonónico de inspiración liberal, con mínimo control judicial y desarrollo escrito, implantando un modelo acorde con el estado social y democrático de derecho, potenciando las facultades judiciales y apostando decididamente por la oralidad. La legislación procesal civil se complementa con la Ley Concursal (LC), la Ley de Jurisdicción Voluntaria (LJV), la Ley de Arbitraje (LA), la Ley de Mediación en asuntos civiles y mercantiles (LMe), la Ley de Cooperación Judicial Internacional (LCJI), así como la LOMESPJ, en lo que se refiere a los MASC. La importancia de la LEC reside en su carácter supletorio respecto a las demás leyes procesales (4 LEC). En marcha se encuentran algunos proyectos que se irán añadiendo a las leyes procesales civiles, como el proyecto de acciones colectivas.

La regulación del proceso penal continúa en la vetusta Ley de Enjuiciamiento Criminal, de 14 de septiembre de 1882, a la que sus numerosas reformas hacen irreconocible. La incidencia de la CE es innegable, pero lamentablemente, la necesaria adaptación del modelo de enjuiciamiento penal a sus previsiones y a la normativa internacional se ha hecho a golpe de reformas parciales, algunas impuestas por el TC (LO 7/1988). Es absolutamente necesario un pacto de estado por la justicia penal, libre de interesas políticos, que afronte con decisión la reforma integral del proceso penal. Completan la legislación procesal penal la Ley Orgánica del Tribunal del Jurado (LOTJ), la Ley Orgánica de Responsabilidad Penal del Menor (LORPM), la Ley Orgánica de Hábeas Corpus (LOHC) y la Ley de Extradición Pasiva (LEP).

El control judicial de la legalidad de la actividad administrativa y las garantías de los derechos e intereses de los ciudadanos frente a la administración se articula en nuestro sistema procesal a través del denominado proceso contencioso–administrativo, cuya regulación se contiene en la Ley 29/1998, de 13 de julio. Si su predecesora (LJCA 1956) fue objeto de unánimes alabanzas, la actual ha suscitado opiniones contradictorias (positiva para CORTÉS DOMÍNGUEZ, negativa para DE LA OLIVA SANTOS).

En el ámbito de la legislación procesal laboral existe una obsesión reformista que ha dado lugar a una proliferación de innecesaria de normas, carente de justificación porque ni tenían la suficiente entidad (mantienen el contenido y hasta la numeración de los artículos) ni han obedecido a razones jurídico procesales. Sostener esta hiperactividad legislativa solo ha sido posible acudiendo a la utilización de la delegación legislativa en sus dos modalidades, articulación de unas bases (la LPL 1990 articuló las bases de la LBPL 1989) y refundición de textos (la LPL 1995). La vigente Ley reguladora de la Jurisdicción Social, de 10 de octubre de 2011 ha roto con la tradicional delegación (es una ley formal), si bien su contenido es nuevamente una sencilla actualización de su predecesora.

2.2.5.4. Eficacia de las leyes procesales en el tiempo y en el espacio

Las normas jurídicas se aplican dentro de los límites que suponen su vigencia temporal y su ámbito espacial de eficacia. La aplicación de la **ley procesal en el tiempo** viene caracterizada por la naturaleza dinámica del proceso; el desarrollo temporal del mismo determina sus reglas de vigencia, siendo necesario precisar la norma procesal aplicable si se producen cambios legislativos durante su tramitación. Lo correcto es que cada ley indique el alcance de la normativa derogada y la entrada en vigor de la nueva a través de sus disposiciones transitorias (la LEC contiene 7 y encubre otras en sus disposiciones finales –16ª y 17ª–). El artículo 2 LEC, de aplicación supletoria a los demás órdenes jurisdiccionales, dispone la sustanciación de los procesos con arreglo a las normas vigentes y prohíbe la retroactividad; ello supone que la norma aplicable es la vigente al momento de inicio del proceso, pero se considera que éste se divide en etapas, de manera que la nueva regulación se aplica a las sucesivas etapas. Por ejemplo, los procesos iniciados con anterioridad a la entrada en vigor de la LEC siguieron tramitándose conforme a la LEC 1881, pero «en cuanto a la apelación, la segunda instancia, la ejecución, también la provisional y los recursos extraordinarios» se aplicó la LEC.

Por lo que se refiere a la aplicación de la **ley procesal en el espacio**, el principio «*lex fori regit processus*» aparece recogido en el artículo 3 LEC con las solas excepciones que puedan prever los tratados y convenios internacionales. Esta previsión se extiende, con carácter general, a los actos de auxilio o cooperación judicial, de manera que los solicitados por tribunales españoles se realizarán conforme a la ley procesal del lugar en que se practiquen y los solicitados a tribunales españoles conforme a la ley procesal española 13 y 37 LCJI).

La aplicación de la ley procesal en el espacio también se plantea en el orden interno, habida cuenta de la pluralidad de poderes legislativos existentes. Ya se ha expuesto la interpretación restrictiva del TC a la hora de apreciar la necesidad de especialidades procesales derivadas del derecho sustantivo propio de las CCAA; en todo caso, allí donde se admita, su eficacia territorial se circunscribirá exclusivamente al ámbito de la correspondiente CCAA (STC 47/2004, de 25 de marzo).

2.2.6. La costumbre y los principios generales del derecho

La **costumbre** divide a la doctrina procesal entre quienes niegan tajantemente su consideración como fuente del Derecho Procesal (PRIETO CASTRO FERRÁNDIZ, MORÓN PALOMINO, MONTERO AROCA, RAMOS MÉNDEZ, CORTÉS DOMÍNGUEZ, DE LA OLIVA SANTOS), quienes restringen su operatividad (admitiendo la costumbre supletoria o «*secundum legem*» como GÓMEZ DE LIAÑO GONZÁLEZ; admitiendo la «*extra o praeter legem*» como ORTELLS RAMOS), quienes utilizan ambos argumentos (para ALMAGRO NOSETE es limitada su aplicación al proceso civil y está proscrita en el proceso penal) y quienes directamente la admiten (GUASP DELGADO y FENECH NAVARRO).

Desde un punto de vista teórico y de acuerdo a lo dispuesto en el artículo 1.3 CC no veo inconveniente en admitir la costumbre como fuente del Derecho Procesal allí donde surja, rigiendo en defecto de ley aplicable, siempre que no sea contraria a la moral o al orden público; sin embargo, no puede desconocerse que la realidad impone una doble limitación que condiciona su cristalización. De un lado, el principio de legalidad procesal (1 LEC, 1 LECrim,) y la extensión con que la ley regula las materias que configuran el Derecho Procesal no deja margen a la costumbre; de otro, porque la propia configuración del Derecho Procesal como derecho técnico, derecho de juristas y no derecho popular tampoco deja margen a la espontaneidad. Ahora bien, tales dificultades no suponen una negación absoluta, y prueba de ello son las remisiones legales al efecto, como el artículo 125 «in fine» de la CE o los artículos 677 LEC y 827.2 LECrim. En ocasiones, surgen también prácticas forenses («*usus fori*» y «*stylus curiae*») que desarrollan la normativa legal existente y pueden considerarse costumbres «*secundum legem*» (1.3.2º CC), si bien es verdad que con frecuencia degeneran en verdaderas corruptelas procesales que no sólo no tienen la consideración de fuente, sino que es preciso erradicarlas (sustitución de los informes orales por «minutas» escritas, no recepción de declaraciones por el Juez).

Los **principios generales del derecho** tienen en el código civil carácter informador del ordenamiento jurídico y se aplican en defecto de ley o costumbre (art. 1.4); todo lo relativo a los mismos adolece de cierta vaguedad e imprecisión, en muchas ocasiones porque bajo la denominación PGD se designan realidades muy diferentes, surgiendo inevitablemente la discusión tanto sobre su origen como sobre su valor, como manifestación más de las tensiones existentes entre las corrientes iusnaturalistas y las positivistas. La doctrina procesal se ha mostrado favorable a la aceptación de los PGD como fuente del Derecho Procesal, aunque en sus planteamientos se reflejan esas corrientes apuntadas.

Extremadamente iusnaturalista se muestra DE LA OLIVA SANTOS cuando afirma la existencia de «*principios que constituyen postulados elementales de justicia, de virtualidad necesaria y universal [...] que son fuentes del Derecho Procesal de más elevada categoría que la ley positiva, a la que pueden acabar corrigiendo, incluso si la Constitución, super–ley positiva, no los ha reconocido*»; en el polo opuesto puede situarse a CORTÉS DOMÍNGUEZ, para quien «*los únicos principios que pueden y deben tener tal consideración son los que emanan de la propia CE, es decir, los que están recogidos en sus normas, por lo que afirmar que junto a la CE como fuente de Derecho procesal deben considerarse los principios generales del Derecho no es sino una repetición y duplicidad innecesaria*».

Una cosa sí es cierta sobre los PGD, que su formulación plantea el inconveniente de que cuanto más generales se pretende que sean, más se desvanece su contenido y, por el contrario, cuando se pretende dotar a los mismos de aplicabilidad práctica, se suele exigir el requisito de su reconocimiento por una autoridad. Las diversas familias del derecho contemporáneo se inspiran en principios propios, no sólo jurídicos, sino sociales, económicos, religiosos, éticos, etc.; sin embargo, atribuir sin más a tales principios la consideración de fuente de derecho creo que no se corresponde con la realidad; otra cosa es que sean reconocidos por una autoridad (ya sea legislativa o judicial) con lo cual, sin dejar de tener la consideración de PGD, pasan a formar parte del derecho positivo o de la jurisprudencia (respecto a los principios de la CE, STC 4/1981 de 2 febrero).

2.2.7. La jurisprudencia

2.2.7.1. El Tribunal Supremo y la doctrina de las audiencias

Conforme a lo dispuesto en el artículo 1.6 CC, solo la doctrina reiterada del TS es jurisprudencia y su valor es complementar el ordenamiento jurídico, por lo que no cabe atribuirle valor de fuente. Su importancia, sin embargo, no es menor; por un lado, porque sin ser fuente («*no crea normas, no produce Derecho positivo, ni se halla entre las fuentes del Derecho en el artículo 1 del Código Civil*», STS 1ª 1248/2001, de 20 de diciembre) desempeña una función unificadora de la interpretación y aplicación del Derecho que, si bien no es vinculante, sí proporciona un criterio de previsibilidad; por otro lado, porque su infracción es controlable a través del recurso de casación (477.3 LEC), considerando para ello el TS que la reiteración requiere, al menos, la cita de dos sentencias coincidentes (STS 1ª 687/2003, de 7 de julio).

En el ámbito del proceso civil, la interpretación y aplicación de las normas procesales dispone de un instrumento específico de control a través del recurso por infracción procesal. Este recurso, sin embargo, no se ha trasladado a los demás órdenes jurisdiccionales en los que el control de las normas procesales se mantiene a través del recurso de casación, ya sea como quebrantamiento de forma (850 y 851 LECrim, 207.c LJS) o como infracción de normas procesales (88.1 LJCA).

La realidad nos muestra que, en asuntos de especial trascendencia, las distintas salas del TS vienen haciendo uso de la posibilidad que les brinda el artículo 197 LOPJ y se constituyen en pleno para fijar un criterio único y, de esa manera, evitar discrepancias entre las distintas secciones (sirvan de ejemplo la SSTS 1ª pleno 241/2013, de 9 de mayo, 123/2017 de 24 de febrero, en relación a la cosa juzgada). Por otro lado, el artículo 264 LOPJ prevé los denominados plenos no jurisdiccionales, en donde los magistrados de una sala se reúnen para fijar criterios uniformes; se trata de acuerdos habituales en relación a novedades legislativas o cuestiones controvertidas, de gran trascendencia práctica por cuanto fijan el criterio que la sala va a seguir en lo sucesivo (p.ej. Acuerdo del Pleno no jurisdiccional de 27 de ejero de 2017, sobre criterios de admisión de los recursos de casación y de infracción procesal).

Por lo que se refiere a lo que ha llegado a denominarse *jurisprudencia menor*, sin valor alguno como fuente del derecho procesal, permite conocer el criterio de las diferentes audiencias en donde concluyen muchos asuntos habida cuenta de las restricciones existentes para acceder al TS (la *summa gravaminis* en casación es de 600.000 €). También las audiencias adoptan acuerdos no jurisdicciones e incluso los juzgados, habiendo alcanzado singular relevancia práctica las reuniones de los magistrados de lo mercantil.

2.2.7.2. El Tribunal Constitucional

Con independencia de la naturaleza jurisdiccional o no que se atribuya al TC, lo que no ofrece duda es la relevancia de sus resoluciones, habida cuenta de la labor que desarrolla como máximo intérprete de la CE; los jueces y tribunales deben interpretar y aplicar las leyes y los reglamentos según los preceptos y principios constitucionales, conforme a la interpretación de los mismos que resulte de las resoluciones dictadas por el Tribunal Constitucional en todo tipo de procesos (5.1 LOPJ).

La incidencia del TC ha sido de especial trascendencia en el ámbito del proceso penal por su estrecha relación con los derechos fundamentales (libertad, secreto comunicaciones, intimidad, presunción de inocencia, defensa, etc.), hasta el punto que su estudio al margen de la doctrina del TC es impensable.

Habitualmente las cuestiones procesales tienen la consideración de legalidad ordinaria (salvo que afecten a derechos fundamentales), razón por la que el TC tiene vedado pronunciarse sobre ellas (54 LOTC). No obstante, son frecuentes los supuestos en que acudiendo al principio *pro actione* y bajo la cobertura de la interpretación finalista y la debida proporcionalidad entre la exigencia de requisitos procesales y las consecuencias de su incumplimiento, el TC entra de lleno en cuestiones procesales de indudable legalidad ordinaria (STC 107/2005, de 9 mayo en relación a la omisión del traslado de copias a los procuradores de las demás partes –277 LEC–; STC 186/2008, de 26 diciembre, en relación a la necesidad de expresar la infracción en que se basa un recurso –472 LEC–; STC 204/2012, de 12 noviembre en relación al depósito para recurrir –DA 15ª LOPJ–).

2.2.7.3. El Tribunal de Justicia de la Unión Europea

De manera similar a lo expuesto respecto al TC, el artículo 4.bis LOPJ (introducido por la LO 7/2015) obliga a aplicar el derecho de la UE de conformidad con la jurisprudencia del TJUE. Este tribunal, respecto al Derecho Procesal ha establecido el principio de autonomía procesal conforme al cual, *corresponde al ordenamiento jurídico interno de cada Estado miembro designar los órganos jurisdiccionales competentes y regular las modalidades procesales de los recursos en vía jurisdiccional que hayan de procurar la salvaguarda de los derechos que en favor de los justiciables genera el efecto directo del Derecho*. Sin embargo, este principio ha venido matizándose en el sentido de que su aplicación pasa por la necesidad de que esa regulación procesal de los Estados miembros no se articule de manera tal que no sea menos favorable que la aplicable a situaciones similares de carácter interno (principio de equivalencia) y de que no haga imposible en la práctica o excesivamente difícil el ejercicio de los derechos conferidos por el ordenamiento jurídico comunitario (principio de efectividad). El control de los principios expuestos corresponde al órgano jurisdiccional nacional, a la vista de los datos de hecho y de Derecho que obren en su poder. La aplicación de estos principios ha tenido incidencia en diversas instituciones procesales y ha dado lugar a algunas reformas legislativas (p.ej. respecto al control de oficio de las cláusulas abusivas).

2.2.8. **Interpretación de las normas procesales**

La interpretación de las normas consiste en la labor intelectiva dirigida a la determinación de su sentido y alcance. El código civil establece como criterios interpretativos el literal, sistemático, histórico, sociológico y finalista (3.1 CC) y permite acudir a la equidad y a la aplicación analógica, aunque con limitaciones (3.2 y 4.1 CC).

En la actualidad, la interpretación de cualquier norma (por tanto, también las normas procesales) debe hacerse según *los preceptos y principios constitucionales, conforme a la interpretación de los mismos que resulte de las resoluciones dictadas por el Tribunal Constitucional en todo tipo de procesos* (5.1 LOPJ). En este sentido, el TC ha destacado la necesidad de que la interpretación de las normas procesales se inspire en el principio «pro actione», es decir, que se realice en el sentido más favorable a la efectividad de la tutela solicitada; se rechazan así las interpretaciones formalistas que supongan impedimentos definitivos para el conocimiento de las pretensiones. Las formalidades en el proceso son importantes sólo en la medida en que supongan garantías y el culto exagerado a las mismas debe repudiarse para evitar caer en el formalismo tan arraigado en nuestra práctica forense. Este creo que es, además, el espíritu de la regulación de la nulidad en la LOPJ, es establecer como criterio general para determinar la nulidad la indefensión. Debe prevalece, en consecuencia, la interpretación teleológica o finalista, analizando el sentido y finalidad de la norma, resolviendo cualquier duda interpretativa siempre en favor de la efectividad de la tutela solicitad y de los demás derechos fundamentales.

Llegados a este punto, no podemos dejar de hacer referencia, aunque sea una mínima mención, a la ponderación como criterio de interpretación de las normas. La realidad nos muestra que tanto el TC como el TS, ante la colisión de derechos, acuden de manera habitual a la ponderación, definida por el diccionario del español jurídico como el «criterio de interpretación utilizado cuando está en juego la aplicación de diversas libertades o valores para dar preferencia a alguno». Toda decisión conlleva el «examen con cuidado de algo» y «contrapesar y equilibrar» las distintas opciones (tales son las acepciones de ponderar para la RAE); el riesgo surge cuando apelando a la ponderación se va más allá de la literalidad de la ley, llegando, incluso, a resolver de manera frontalmente opuesta a la misma.

Tema 3. Jurisdicción, potestad jurisdiccional y poder judicial

Agustín Jesús Pérez–Cruz Martín

3.1. La Jurisdicción. Potestad jurisdiccional y función jurisdiccional

La Jurisdicción presenta una perspectiva dinámica (función jurisdiccional) y una perspectiva estática (potestad).

La importancia del término "potestad" fue destacada ya por FAIRÉN GUILLÉN, quien, siguiendo los planteamientos de CARNELUTTI, distinguía entre poder, potestad y función jurisdiccional.

La consideración de la jurisdicción como una potestad lleva a poner en énfasis su carácter de potestad constitucional de juzgar de modo irrevocable y hacer ejecutar lo juzgado (117 CE), es decir, a la perspectiva estática de la Jurisdicción.

Manteniendo la postura de la jurisdicción como potestad no se cuestiona que haya un Poder Judicial estatal, sino que se niega que los Jueces y Magistrados investidos de jurisdicción, sean titulares y detentadores de un poder. El Estado, lo mismo que debe legislar, ha de administrar justicia, precisamente por el monopolio al que le ha llevado la evolución histórica. En este sentido sí se podría afirmar que el Estado es titular del Poder Judicial, que, para administrar justicia, encomienda esta tarea a unos órganos determinados, que no son titulares de ningún poder, sino que están investidos de potestad jurisdiccional, cada uno de ellos en el mismo grado e intensidad, pues esta potestad no tiene un titular genérico, sino que tiene carácter difuso. Tal potestad jurisdiccional debe ser entendida como ámbito de competencia constitucionalmente establecida, lo cual implica su determinación formal en la estructura orgánica constitucional y cuya misión esencial es la garantía última de los derechos y libertades fundamentales, lo cual implica que la organización judicial debe ser protegida de un modo rígido constitucional frente a toda política y, desde luego, frente a la del gobierno, garantizándose la más elemental independencia consustancial a la jurisdicción.

Analizado el aspecto constitucional o estático de la jurisdicción, entendida como potestad jurisdiccional constitucionalmente reconocida (117 CE), procede entrar en el momento procesal o dinámico, es decir, en el examen del ejercicio rogado de la función jurisdiccional por los Jueces y Magistrados juzgando y haciendo ejecutar lo juzgado.

En palabras de MONTERO AROCA, las concepciones acerca de la función jurisdiccional han sido tantas como autores se han ocupado de la cuestión. Para el análisis de esta función pública que se ejercita con carácter exclusivo y excluyente por unos determinados órganos en el proceso, es conveniente partir de las distintas posturas doctrinales, que si bien son diversas, pueden agruparse en dos categorías básicas para facilitar la exposición, a saber: las teorías subjetivas y las teorías objetivas, según que la finalidad que se entienda persigue la jurisdicción sea la defensa de los derechos subjetivos particulares frente a cualquier género de amenaza o lesión o, por el contrario, la actuación del Derecho objetivo, aplicando la norma al caso concreto. Finalmente, se han formulado las teorías mixtas, haciendo una especial referencia a la que entiende que la función jurisdiccional es la satisfacción de los intereses jurídicos socialmente relevantes.

3.2. Caracteres de la Jurisdicción

Son varias las notas esenciales que caracterizan el concepto fundamental que se está analizando y permiten la diferenciación de la Jurisdicción respecto de la Legislación y la Administración. Seguidamente se hará referencia a la unidad, a la independencia y a la exclusividad, pero debe subrayarse que la nota identificadora de la jurisdiccionalidad de un órgano es la segunda, entendiendo como incardinados en ella otros rasgos jurisdiccionales imprescindibles como son la imparcialidad y la inamovilidad. Finalmente, como contrapeso a estas notas, es preciso analizar también la responsabilidad de los órganos jurisdiccionales.

3.2.1. Unidad.

El principio de unidad no es innovación de la CE, sino que surge en España durante el siglo XIX, con la implantación del Estado liberal, frente a la anterior multiplicidad de jurisdicciones que caracterizaba el Antiguo régimen. El liberalismo pretendía acabar con los tribunales que respondían a privilegios de clase o casta y perseguía la centralización, la igualdad de los ciudadanos ante la Ley y la unidad del sistema.

Su proclamación es recogida en la Constitución de 1812 (248: "*En los negocios comunes, civiles y criminales no habrá más que un solo fuero para toda clase de personas*"), pero no tuvo eficacia práctica hasta el Decreto de Unificación de Fueros, de 6 de diciembre de 1868, el cual suprimió las jurisdicciones especiales, salvo la eclesiástica, militar (Marina y guerra) y Senado. En esta época, la LOPJ, de 1870, proclama el principio de exclusividad jurisdiccional, muy cercano al de unidad, (2: "*La potestad de aplicar las leyes ... corresponderá exclusivamente a los Jueces y Tribunales*").

En la actualidad puede afirmarse la implantación de este principio, con alcance a todos los órganos estatales y supraestatales que integran la llamada jurisdicción ordinaria, por oposición a la especial. Es el artículo 117.5° CE el que proclama este principio en el Derecho vigente ("*El principio de unidad jurisdiccional es la base de la organización y funcionamiento de los Tribunales*"), así como el artículo 3.1° LOPJ. La existencia de la jurisdicción militar, única jurisdicción especial presente en la actualidad, no implica una ruptura de la unidad sino una exigencia particular de singularidad objetiva y subjetiva, que responde a condicionantes históricos: a la promulgación del Código de Justicia Militar por R.D. de 27 de septiembre de 1890 y a la ampliación de sus facultades por la Dictadura de Primo de Rivera. Reiteradamente el TC ha sostenido que la jurisdicción militar queda reducido a lo estrictamente castrense; el TC ha reforzado esta interpretación en diversas sentencias, como la STC 128/2024, de 22 de octubre, en la que anuló una resolución de la Sala de Conflictos de la jurisdicción militar; esta sentencia enfatiza la necesidad de restringir la competencia de los tribunales militares a lo estrictamente castrense, afirmando que: ·«[c]omo jurisdicción especial penal, la jurisdicción militar ha de reducir su *ámbito al conocimiento de delitos que puedan ser calificados como de estrictamente castrenses, concepto que ha de ponerse en necesaria conexión con la naturaleza del delito cometido: con el bien jurídico o los intereses protegidos por la norma penal, que han de ser estrictamente militares, en función de los fines que constitucionalmente corresponden a las Fuerzas Armadas y de los medios puestos a su disposición para cumplir esa misión (8 y 30 CE); con el carácter militar de las obligaciones o deberes cuyo incumplimiento se tipifica como delito, y, en general, con que el sujeto activo del delito sea considerado uti miles, por lo que la condición militar del sujeto al que se imputa el delito ha de ser también un elemento relevante para definir el concepto de lo estrictamente castrense*».

Una vez entendida la jurisdicción como potestad dimanante de la soberanía del Estado, es necesario concluir que esta es única, pues es imposible conceptualmente que un Estado tenga más de una jurisdicción. Por consiguiente, en los Estados unitarios, por contraposición con los federales, la unidad jurisdiccional se fundamenta en la unidad de soberanía. En este sentido, afirma FENECH NAVARRO "*la jurisdicción, como función soberana, es única*". Pero otros autores fundamentan este principio en otras bases: GIMENO SENDRA entiende que la unidad de soberanía no justifica la unidad jurisdiccional, sobre todo si se tiene en cuenta la existencia de una variedad de órdenes jurisdiccionales cada uno con características propias. Esta división de órdenes responde a un criterio organizativo de la justicia, que no impide la unidad jurisdiccional, pues los distintos órdenes pertenecen a la jurisdicción ordinaria. Por ello GIMENO SENDRA prefiere basar este principio en la garantía de la independencia jurisdiccional. En sentido similar, MONTERO

AROCA concluye que el artículo 117.5º CE reacciona contra la situación existente en el régimen anterior, con lo cual significaría que todos los Jueces y Magistrados que sirvan en los órganos jurisdiccionales habrán de estar sujetos a un estatuto orgánico único, y éste habrá de ser de tal naturaleza que establezca y garantice su independencia.

El Poder Judicial no se fracciona a diferencia del Legislativo y del Ejecutivo. Se le concibe como un orden unitario e independiente que, aunque se adapta a efectos funcionales a la estructura territorial del Estado, pero no se territorializa como los otros poderes ni pertenece a las Comunidades Autónomas, sino al conjunto del Estado en su unidad conjunta, al Estado como totalidad política organizada. Y ello puede decirse tanto para el Poder Judicial como para el CGPJ. Cada una de las concretas normas constitucionales (149.1.5º y 6º y 122 CE), unidas a los artículos 117, 123 y 152.1.2º CE, expresan y están al servicio de ese principio cardinal de la unidad, así reconocida por la jurisprudencia del TC sobre la Administración de Justicia (contenida especialmente en SSTC 108/1986, de 29 de julio; 56/1990, de 29 de marzo; 62/1990, de 30 de marzo; 105/2000, de 13 de abril y 253/2005, de 11 de octubre). Se aceptará así que el artículo 149.1.5ª CE permite una distinción entre "Administración de Justicia" en sentido amplio, "Administración de Justicia" en sentido estricto, y "administración de la Administración de Justicia", y se admitirá como punto de partida que ello influye en la distribución de competencias entre el Estado y las Comunidades Autónomas; se aceptará también, incluso, que la expresión "Administración de Justicia" es utilizada por la Constitución en sentido estricto y que, por el contrario, en los Estatutos no se empleaba ni en sentido amplio ni estricto sino, exactamente al contrario, como equivalente a "administración de la Administración de Justicia".

El TC, recuerda, en STC 31/2010, de 28 de junio, que en el Estado autonómico la diversificación del ordenamiento en una pluralidad de sistemas normativos autónomos no se verifica ya en el nivel de la constitucionalidad con la existencia de una pluralidad de Constituciones (federal y federadas), sino que, a partir de una única Constitución nacional, sólo comienza en el nivel de la legalidad. Los sistemas normativos que en ese punto se configuran producen normas propias, a partir del ejercicio de unas potestades legislativa y ejecutiva, también propias. Sin embargo, la función jurisdiccional, mediante la que tales normas adquieren forma y contenido definitivos, es siempre, y sólo, una función del Estado.

En definitiva, si el Estado autonómico arranca con una Constitución única, concluye con una jurisdicción única, conteniéndose la diversidad de órganos y funciones en las fases del proceso normativo que media entre ambos extremos. La unidad de la jurisdicción y del Poder Judicial es así, en el ámbito de la concreción normativa, el equivalente de la unidad de la voluntad constituyente en el nivel de la abstracción.

La caracterización del Estado autonómico, que tan someramente acaba de esbozarse, tiene su fundamento constitucional más específico en el artículo 152.1 CE, cuyo segundo apartado, en conjunción con las previsiones del título VI de la CE y del artículo 149.1.5 CE, cifra la dimensión jurisdiccional de las CCAA en un sentido negativo: si las CCAA han de tener siempre Gobierno propio y, en determinados supuestos, hoy generalizados a todas las CCAA, también Asamblea legislativa autonómica, no pueden contar, en ningún caso, con Tribunales propios, sino que su territorio ha de servir para la definición del ámbito territorial de un TSJ que no lo será de la Comunidad Autónoma, sino del Estado en el territorio de aquélla. Dicho ámbito territorial será también el que defina la ordenación de las instancias procesales, que deberán agotarse en ese territorio para culminar inmediatamente en la instancia nacional del Tribunal Supremo. Sobre estos extremos (mucho menos sobre los que tengan que ver con la jurisdicción y su ejercicio o con los órganos judiciales) nada puede disponerse en los Estatutos de Autonomía, a los que el artículo 152.1 CE sólo habilita para establecer "*los supuestos y las formas de participación de [las CCAA] en la organización de las demarcaciones judiciales del territorio*", en el entendido de que tal organización es una competencia estatal.

El principio de unidad jurisdiccional suscita la necesidad de diferenciar entre jurisdicción ordinaria y especial, Tribunales ordinarios, especiales y especializados, etc. Mientras algunos autores, como PRIETO–CASTRO FERRÁNDIZ, siguen la terminología mayoritaria que diferencia la jurisdicción ordinaria de la especial, otros, como MONTERO AROCA, entienden que no es posible hablar de jurisdicción especial, lo que existen en cambio son Tribunales especiales. Además, si la jurisdicción no sólo es única, sino que además es indivisible y todos los órganos jurisdiccionales ostentan la misma potestad jurisdiccional, lo que se produce es un reparto competencial. En todo caso, los tribunales se presumirán ordinarios y sólo serán especiales los determinados normativamente para intervenir en un específico ámbito en virtud de una norma que otorga particularmente tal intervención. Mientras no exista legislación específica la atribución debe entenderse hecha a los tribunales ordinarios, que se caracterizan, además de por su generalidad, por su «*vis atractiva*» sobre los asuntos no atribuidos concreta y expresamente a los especiales.

3.2.2. Independencia.

La cuestión de la independencia e imparcialidad de los Jueces y Magistrados fue una cuestión planteada de diversas formas, en la historia.

Así, la Carta Magna inglesa de 15 de junio de 1215, estableció el derecho a la justicia; derecho que no se puede negar, vender, ni retrasar.

En el siglo XIII, HENRY BRACTON, en su obra "*De Legibus et consuetudinibus angliae*", señaló como característica del Juez, su capacidad de aceptar a las partes con equidad e imparcialidad.

También en Inglaterra, como reacción frente al poder de la Corona, en la "Petición de derechos" de 1628, se incluyó la prohibición de juzgar a los acusados de acuerdo con la ley "marcial", utilizable sólo en tiempo de guerra.

Posteriormente, en 1640, la Ley de Habeas Corpus abolió la denominada "Star Chamber" y los tribunales basados en la prerrogativa real; asimismo, se privó al Rey y a su Consejo Privado, de la jurisdicción en asuntos civiles y penales.

Los revolucionarios franceses, de 1789, eliminaron la prerrogativa real de nombrar jueces especiales para un determinado juicio, o para una sola causa o persona.

Bajo la influencia de la doctrina de MONTESQUIEU, en la "Declaración de Derechos del hombre y del Ciudadano", se consagró el principio de la separación de poderes; así como el principio de presunción de inocencia, como elemento necesario de un juicio imparcial en materia penal.

En los EE.UU. la separación de poderes de MONTESQUIEU fijó la autonomía entre las ramas del poder público en un sistema de controles y equilibrios para moderar las acciones de los demás poderes.

Las Enmiendas V y VI a la Constitución norteamericana, consagran elementos básicos del denominado juicio justo e imparcial, como ser: 1) La prohibición de declarar contra sí mismo y 2) La privación de libertad deber deberá ser realizada sólo mediante los medios procesales establecidos por la ley.

La independencia es la nota más característica y esencial de la jurisdicción y una de las notas del Estado de Derecho: la propia existencia de la potestad jurisdiccional depende de ella. Su proclamación a nivel constitucional se encuentra sobre todo en el artículo 117.1°, pero también en los artículos 124.1° y 127.1° y 2°; en el mismo sentido, los artículos12.1°, 13 y 14 LOPJ.

La independencia se considera como una condición indispensable, garantía necesaria, para que se manifiesten sin estorbo y actúen sin obstáculo las cualidades fundamentales de un buen magistrado (BECEÑA GONZÁLEZ).

Al margen de las consideraciones sobre si se trata de una nota de la jurisdicción globalmente considerada, o si debe atribuirse a cada órgano jurisdiccional, su significado ha de entenderse en una doble perspectiva, siguiendo a Pedraz Penalva: por un lado, exige la no intervención en el judicial de los demás poderes (legislativo y ejecutivo) y, en sentido inverso, la competencia judicial tampoco ha de interferir en el campo de actuación del legislativo y ejecutivo; por otro lado, paradójicamente, la jurisdicción es independiente por estar sometida única y exclusivamente a la ley, o más exactamente, al conjunto del ordenamiento jurídico.

Por lo tanto, en el primer sentido, la independencia supone el respeto al principio de división de poderes propugnado por Montesquieu, limitándose cada uno de ellos al cumplimiento de las funciones asignadas por la Constitución. Precisamente el mayor peligro de vulneración de la independencia jurisdiccional deriva de una "invasión" procedente del Ejecutivo, por ello se han establecido una serie de garantías al respecto: reserva de Ley Orgánica para la regulación que afecte a la estructura y organización de Jueces y Tribunales, según se puede deducir del artículo 2.2º LOPJ.; el respecto del principio de jerarquía normativa por exigencia del artículo 6 LOPJ., así como el consecuente control jurisdiccional sobre la potestad reglamentaria exigido por los artículos 106 CE y 8 LOPJ., y, finalmente, la realización única y exclusivamente de la actividad establecida en los artículos 117.3º y 4 CE y 2.2º LOPJ., es decir, juzgar y ejecutar lo juzgado.

En el ámbito de Derecho de UE cabe precisar que uno de los principios fundamentales del Estado de Derecho es la existencia de tribunales independientes e imparciales que proporcionen una tutela judicial efectiva de los derechos e intereses legítimos de los ciudadanos (47 de la Carta de los Derechos Fundamentales de la Unión Europea).

El artículo 14 LOPJ prescribe que: "*1. Los Jueces y Magistrados que se consideren inquietados o perturbados en su independencia lo pondrán en conocimiento del Consejo General del Poder Judicial, dando cuenta de los hechos al Juez o Tribunal competente para seguir el procedimiento adecuado, sin perjuicio de practicar por sí mismos las diligencias estrictamente indispensables para asegurar la acción de la justicia y restaurar el orden jurídico.*

2. El Ministerio Fiscal, por sí o a petición de aquéllos, promoverá las acciones pertinentes en defensa de la independencia judicial.".

A la vista de los artículos 117 y 122 CE, el amparo a los jueces o magistrados que se consideren inquietados o perturbados en su independencia se erige casi en una competencia obligada del CGPJ. De hecho, de entre sus competencias, esta es la que probablemente cualquier persona lega en Derecho consideraría como más íntimamente relacionada con la defensa de la independencia de los jueces o tribunales.

Finalmente, cabe recordar que el artículo 508 CP dispone que: "*1. La autoridad o funcionario público que se arrogare atribuciones judiciales o impidiere ejecutar una resolución dictada por la autoridad judicial competente, será castigado con las penas de prisión de seis meses a un año, multa de tres a ocho meses y suspensión de empleo o cargo público por tiempo de uno a tres años.*

2. La autoridad o funcionario administrativo o militar que atentare contra la independencia de los Jueces o Magistrados, garantizada por la Constitución, dirigiéndoles instrucción, orden o intimación relativas a causas o actuaciones que estén conociendo, será castigado con la pena de prisión de uno a dos años, multa de cuatro a diez meses e inhabilitación especial para empleo o cargo público por tiempo de dos a seis años.".

El TC, en relación con la independencia del Poder Judicial, afirma que: "*... constituye una pieza esencial de nuestro ordenamiento como del de todo Estado de Derecho y la misma Constitución lo pone gráficamente de relieve al hablar expresamente del "poder" judicial, mientras que tal calificativo no aparece al tratar de los demás poderes tradicionales del Estado, como son el legislativa y ejecutivo ...*" (SSTC. 109/1986, de 29 de julio; 238/2012, de 13 de diciembre).

Respecto a la segunda vertiente de la independencia judicial, el sometimiento de la función jurisdiccional al principio de legalidad impide precisamente que el ejercicio de ésta dependa de mandatos particulares (*cfr.*: SSTC 37/2012, de 19 de marzo; 238/2012, de 13 de diciembre). De la sumisión a Constitución y la ley, entendidas como expresión de la voluntad general, deriva también la prohibición del *non liquet*, impuesta a Jueces y Magistrados (1.7º CE), e incluso sancionada penalmente (448 y 449 CP), y que les obliga en todo caso a resolver mediante la aplicación de la norma al supuesto de hecho concreto. Pero se trata de aplicar la norma y no crearla como sucede en el Derecho anglosajón; por ello incluso se le priva de decidir sobre la compatibilidad de la ley, o norma con rango de ley, con la Norma Fundamental –a excepción de las normas preconstitucionales– planteando la correspondiente cuestión de inconstitucionalidad (*ex* 163 CE y 5.2º LOPJ). O, dicho de otro modo, los Jueces y Tribunales son independientes porque están sometidos únicamente al derecho. Independencia judicial y sumisión al impero de la Ley son, en suma, anverso y reverso de la misma medalla. Esa independencia de cada Juez o Tribunal en el ejercicio de su jurisdicción "debe ser respetada tanto en el interior de la organización judicial, como por todos"

(SSTC. 108/1986, de 26 de julio; 37/2012, de 19 de marzo y 238/2012, de 13 de diciembre).

Si se observa la independencia desde un punto de vista ya no estrictamente jurídico, sino también incluyendo elementos fácticos, la independencia entendida abstractamente como sujeción al ordenamiento precisa de ulteriores garantías, que son complementarias a la independencia y que caracterizan también a la Jurisdicción. Como afirma MONTERO AROCA, se ha articulado en la LOPJ un régimen de garantías para preservar la independencia judicial en diversas esferas, frente a la sociedad, frente a las partes o frente a los demás poderes del Estado.

Se pretende preservar la objetividad de las decisiones judiciales y la impermeabilidad de los Jueces ante la influencia de fuerzas exteriores, para ello los Jueces y Magistrados deben poseer una aptitud o capacidad técnica indudable, una conducta o moralidad intachable y una ausencia de vinculación con los distintos sectores productivos de su demarcación judicial que fundamenten su prestigio. Para ello la LOPJ. arbitra una serie de garantías determinadas: regula, en este sentido, un mecanismo específico de acceso a la Carrera Judicial, así como un régimen de incompatibilidades y prohibiciones. Respecto al acceso a la Carrera Judicial, aparece regulado en los artículos 301 y ss. LOPJ., estableciéndose la necesidad de ingreso por pruebas selectivas, salvo el llamado "cuarto turno" y "quinto turno" para los juristas de reconocida competencia y con más de diez y quince años respectivamente de ejercicio profesional (301.5º y 311 LOPJ.), así como determinadas condiciones que garanticen una conducta mora intachable (p. ej. 303 LOPJ.), y "quinto turno" entre los Abogados y juristas de reconocida competencia con más de quince años de ejercicio profesional (301.5º LOPJ.). En cuanto al sistema de incompatibilidades y prohibiciones (389 y ss. LOPJ.) afecta al ejercicio de cualquier otra jurisdicción, cargo de elección popular, empleos retribuidos por la Administración pública, abogacía, etc., así como la imposibilidad, entre otras, de pertenecer a partidos políticos o sindicatos.

3.2.3. Exclusividad.

Esta nota característica de la jurisdicción se encuentra recogida en los artículos 117.3º CE y 2.1º LOPJ., al establecer que "*la potestad jurisdiccional ... juzgando y haciendo ejecutar lo juzgado, corresponde exclusivamente a los Jueces y Tribunales determinados por las leyes*". Complementa de este modo el principio de unidad calificándose de "principio político fundamental" y concebida como diferencia básica entre la actividad administrativa y la jurisdiccional. Expresado de otra manera, constitucionalmente el Estado concreta una parte de su poder en los Jueces y Magistrados, los cuales además deben estar previamente establecidos (10 DUDH, 6 CEDH; 14.1

PIDCP; 8.1 C.A.D.H. y 24.2 CE) cuyo actuar ha de sujetarse a la Ley que constituye al mismo tiempo límite y objeto de su decisión.

Esta característica fundamental de la jurisdicción es susceptible de una doble interpretación, a saber: sentido positivo, al implicar un monopolio del Estado, y negativo, al determinar que juzgar y hacer ejecutar lo juzgado debe ser la única función de los juzgados y tribunales.

En el sentido positivo, la exclusividad alude a la vinculación de la jurisdicción con el Estado, en régimen de monopolio: la jurisdicción es una potestad dimanante de la soberanía, de la que es titular el Estado y que éste atribuye a los órganos jurisdiccionales. No cabe admitir actualmente otros órganos jurisdiccionales que los estatales, a diferencia de la situación pluralista que caracterizaba al Antiguo régimen. Por tanto, como dice GÓMEZ ORBANEJA, "*hoy no se admite que dentro del territorio nacional personas o entidades distintas del Estado constituyan órganos para la actuación de la ley; fenómeno que implicaba en otros tiempos un fraccionamiento (o delegación) de la soberanía característico del feudalismo*".

Cabría pensar, no obstante, en una excepción a este principio, que vendría constituida por la "jurisdicción eclesiástica", reconocida por nuestro Estado español en el artículo 2,1° del Concordato de 27 de agosto de 1953, modificado por el Acuerdo entre el Estado y la Santa Sede sobre asuntos jurídicos de 3 de enero de 1979. Pero, como advirtió ALCALÁ–ZAMORA CASTILLO no debe olvidarse que la eclesiástica no pasa de ser una "jurisdicción" reconocida o consentida por el Estado para entender de determinados litigios, bastando con que éste la desconozca para que sus sentencias en tales asuntos dejen de surtir efectos. Sólo en la medida que el Estado autorice o tolere su actuación tendrán eficacia sus decisiones. La pervivencia de esta jurisdicción es más extraña si se tiene en cuenta la aconfesionalidad del Estado (16 CE). Se reduce la actividad de esta «jurisdicción» a la posibilidad contemplada en el artículo 80 CC. respecto a la producción de efectos civiles de las resoluciones dictadas por los Tribunales eclesiásticos sobre la nulidad del matrimonio canónico, así como de las decisiones pontificias sobre matrimonio rato y no consumado, pero para su reconocimiento es necesario acudir a la vía prevista en el artículo 778 LEC, sobre eficacia civil de resoluciones de los tribunales eclesiásticos o de decisiones pontificias sobre matrimonio rato y no consumado..

No es comparable la posición de la «jurisdicción eclesiástica» respecto de la que ocupan los órganos jurisdiccionales comunitarios. En este último caso el adjetivo de «extraestatalidad» se presenta inadecuado, siendo el más correcto el de «supranacionalidad» o «supraestatalidad». Si bien el TJUE y también el TG no son órganos estatales, sí entran, como Tribunales especiales, dentro de los órganos con jurisdicción ordinaria, todo ello por la transferencia de competencias a organizaciones internacionales a través de los correspondientes tratados, a partir del artículo 93 CE En este sentido el TJUE debe ser considerado como «Juez ordinario o predeterminado por la ley», a que hace referencia el artículo 24.2º CE.

Desde un punto de vista negativo, la exclusividad jurisdiccional presenta otra vertiente en el sentido de que la única y exclusiva tarea que corresponde desempeñar a juzgados y tribunales, es la aplicación de la ley en los juicios civiles y criminales y demás establecidos o que establezcan las leyes, juzgando y haciendo ejecutar lo juzgado. Este aspecto aparece regulado en los artículos 117.4º CE y 2.2º LOPJ. Como afirma MONTERO AROCA, esta exigencia no puede ser tildada de superflua, puesto que previene contra la usurpación de atribuciones de otros órganos, garantiza la propia independencia de los órganos jurisdiccionales frente a la administración e impide que se atribuyan a aquéllos funciones impropias de su excelsa misión, sobre todo aquellas que por sus implicaciones políticas pueden contribuir a su descrédito.

3.3. Otros caracteres

3.3.1. Imparcialidad.

La independencia jurisdiccional respecto a las partes se presenta como equivalente a la imparcialidad, otra cualidad de la jurisdicción que opera sin embargo en un momento distinto que la independencia: si la independencia alude al momento constitucional, la imparcialidad se refiere al momento procesal, es decir, al ejercicio de la función jurisdiccional (PEDRAZ PENALVA, CALVO SÁNCHEZ). Supone la garantía dirigida al justiciable tendente a lograr la objetividad de la resolución jurisdiccional para el caso concreto.

El TC ha sostenido que: «*la imparcialidad judicial es una garantía tan esencial de la función jurisdiccional que condiciona su existencia misma. Sin juez imparcial no hay, propiamente, proceso jurisdiccional*» (sentencia 11/2000). En otras palabras, pero con idéntico significado, se expresa el TC: «*La imparcialidad del tribunal forma parte de las garantías básicas del proceso, constituyendo incluso la primera de ellas*» (S. 146/2006, de 8 de mayo.

La jurisprudencia nunca ha dudado que la CE consagra el derecho a ser juzgado por un juez imparcial: la «*concreta idoneidad de un determinado Juez en relación con un concreto asunto*», que implica de manera «preeminente» la imparcialidad, «*que se mide no sólo por las condiciones subjetivas de ecuanimidad y rectitud, sino también por las de desinterés y neutralidad*». Así lo afirmó la STC 47/1982, de 12 de julio, que otorgó amparo frente a la inadmisión a *límine litis* de una recusación dirigida contra cuatro magistrados del Tribunal Supremo, pues el artículo 24 CE comprende el derecho a «*recusar cuando concurren las causas tipificadas como circunstancias de privación de idoneidad*».

La imparcialidad no aparece expresamente en la larga lista de derechos enumerados en el artículo 24 CE. Eso dio lugar a que, inicialmente, el fundamento del derecho al juez imparcial fluctuara entre el derecho al proceso y derecho al juez ordinario predeterminado por la ley (Ss.TC 47/1982, de 12 de julio; 47/1983, de 31 de mayo; 44/1985, de 22 de marzo). Y quizá explica que se mencionara con insistencia que el derecho a la imparcialidad del juez se reconocía en los artículos 6.1 CEDH y 14.1 PIDCP. Desde la STC 44/1985, de 22 de marzo, el Tribunal español se hizo eco de la jurisprudencia europea en esta materia (citando concretamente la STEDH de 1 de octubre de 1982, caso Piersack). La influencia de la doctrina de Estrasburgo en este punto ha sido constante y determinante.

La doctrina constitucional quedó asentada poco después. La STC 113/1987, de 3 de julio, fijó el locus del derecho, de nuevo con apoyo en Estrasburgo. Finalmente, la STC 145/1988, de 12 de julio, completó el razonamiento y declaró inconstitucional que el juez que instruye una causa la juzgue, anulando la disposición que impedía mantener la separación personal entre instrucción y juicio oral establecida en la Ley de enjuiciamiento criminal desde 1872. Esa nulidad tuvo consecuencias fulminantes: la LO 7/1988, de 28 de diciembre, creó los Juzgados de lo Penal y JCP para «acomodar nuestra organización judicial en el orden penal a la exigencia» de imparcialidad del juzgador, que el «*Tribunal Constitucional y el Tribunal Europeo de Derechos Humanos han considerado que ... es incompatible o queda comprometida con su actuación como instructor de la causa penal*» (EM).–

Esta trascendental sentencia, una de las de mayor impacto inmediato que han sido dictadas por el TC, se fundamentó sólidamente: junto al artículo 24 CE aparece el artículo 6 del CEDH., cuya jurisprudencia asume un protagonismo llamativo. El TEDH (S de 1 de octubre de 1982 –caso Piersack– y en el mismo sentido en Ss de 26 de octubre de 1984 –caso De Cubber– de 24 de mayo de 1989 –caso Hauschildt–, de 25 de febrero de 1992 –caso Plankel–, de 16 de diciembre de 1992 –caso Saint–Marie–, de 24 de febrero de 1993 –caso Fey–, de 26 de febrero de 1993 –caso Padovani–, de 22 de abril de 1994 –caso Saraiva de Carvahlo–, de 22 de febrero de 1996 –caso Bullut–, de 20 de mayo de 1998 –caso Gautrin y otros– y de 28 de octubre de 1998 –caso Castillo Algar–) ha afirmado que "*la imparcialidad se define ordinariamente por la ausencia de prejuicios o parcialidades, su existencia puede ser apreciada de diversas maneras. Se puede distinguir así un aspecto subjetivo, que trata de averiguar la convicción personal de un juez determinado en un caso concreto, y un aspecto objetivo, que se refiere a si éste ofrece las garantías suficientes para excluir cualquier duda razonable al respecto*".

El TC, influenciado claramente por la doctrina del TEDH (Ss. de 1 de octubre de 1982 –caso Piersack– y 26 de octubre de 1984 –caso De Cubber–; de 24 de mayo de 1989 –caso Hauschildt–, de 25 de febrero de 1992 –caso Plankel–, de 16 de diciembre de 1992 –caso Saint–Marie–, entre otras), ha tenido ocasión de diferenciar la doble dimensión que presenta la imparcialidad (subjetiva y objetiva), poniendo de manifiesto que "... *junto a la dimensión más evidente de la imparcialidad judicial que es la que se refiere a la ausencia de una relación del Juez con las partes que puede suscitar un previo interés en favorecerlas o perjudicarlas, convive en su vertiente objetiva,... que se dirige a asegurar que los Jueces y Magistrados que intervengan en la resolución de una causa se acerquen a la misma sin prevenciones ni perjuicios que en su ánimo pudieran quizás existir a raíz de una relación o contacto previstos con el objeto del proceso* ..." (STC 156/2007, de 2 de julio). En el mismo sentido las SSTC (Sala 2ª) de 24 de septiembre de 1994, 17, 30 de marzo y 28 de diciembre de 1995, 20 de enero de 1996, 30 de junio y 19 de julio de 2000, 22 de noviembre de 2001, 15 de marzo y 17 de julio de 2013.

De ellas, mientras que la vertiente subjetiva exige para apreciarla llegar a la conclusión acertada de que el Juez o Magistrado tiene esa relación o interés personal en el asunto, respecto de la objetiva se descarta de entrada cualquier interés de tal naturaleza y lo que se pretende con ella es preservar la imagen de la justicia a partir de hechos objetivos que puedan dar lugar a sospechas de imparcialidad, de forma que, como han señalado tanto el TEDH, como el TC, defendiendo esa imparcialidad lo que con ella "... *está en juego es la confianza que los tribunales deben inspirar a los ciudadanos en una sociedad democrática*", que sólo se consigue mediante la eliminación de cualquier sospecha objetiva de imparcialidad, de aquí que la STEDH en el caso De Cubber, hiciera suyo un adagio inglés ya recogido en otra sentencia anterior del mismo Tribunal, según el cual «*justice must not only be done; it must also be seen to be done*» o lo que es igual (en traducción libre) que la justicia no sólo debe ser dada sino que también ha de aparecer como tal, pues "se dirige a asegurar que los Jueces y Magistrados que intervengan en la resolución de una causa se acerquen a la misma sin prevenciones o prejuicios que en su ánimo pudieran quizás existir a raíz de una relación o contacto previos con el objeto del proceso y, en definitiva, se concreta en ver si pueden considerar las aprensiones del interesado recusante como objetivamente justificadas. Es por ello que, mientras respecto de las causas subjetivas se exige la prueba clara del interés personal o incluso ideológico, y no se presume nunca (Ss. TEDH de 25 de julio de 2001 –caso Perote Pellón– y de 15 de diciembre de 2005 –caso Kyruamu–), respecto de las objetivas basta acreditar que existen sospechas fundadas, indicios objetivos o, incluso, apariencias concretas de que ha existido por parte del juzgador una relación previa con el proceso que le ha podido llevar a tener una idea preconcebida del caso o un perjuicio respecto del mismo que le puede llevar a resolver de una manera preconcebida.

Pese a que la imparcialidad está unida y presupone la jurisdicción pues sin ella no habría realmente proceso, puede afirmarse que es una nota característica de la jurisdicción, pero insuficiente, pues también la posee el Ministerio Fiscal (124.2º CE) e, incluso, cualquier funcionario público, por exigencia constitucional (103.3º CE). Lo que caracteriza a la jurisdicción es la independencia y no sólo la imparcialidad. Si bien es esencial que los órganos jurisdiccionales actúen imparcialmente, tal imparcialidad en el aspecto funcional debe estar acompañada de la independencia en el aspecto estático de la jurisdicción.

Las leyes procesales arbitran un sistema de garantías para preservar la imparcialidad, sobre todo a través de las posibilidades de abstención o recusación contempladas en los artículos 217 y ss. LOPJ, así como en los artículos 107 y ss. LEC y 52 y ss. LECrim. Otra medida procesal garantizadora de la imparcialidad está en el artículo 238.2º LOPJ, al regularse la declaración de nulidad de pleno derecho de los actos judiciales practicados bajo violencia o intimidación. También han de tenerse en cuenta las disposiciones contenidas en normas materiales, como son los artículos 404 a 406 CP respecto de los delitos cometidos, en general, por funcionarios públicos en el ejercicio de sus cargos.

3.3.2. Inamovilidad.

Frente al ejecutivo la independencia jurisdiccional aparece en forma de inamovilidad. Esta garantía judicial, según Gimeno Sendra, deriva del hecho de que la Administración de Justicia, como otras dependencias del Estado, está organizada jerárquicamente, por tanto tampoco esta nota es exclusiva de Jueces y Magistrados; la particularidad recae, también aquí, en que dicha inamovilidad se justifica en función de la independencia.

En relación con la inamovilidad judicial en concreto supone un eficaz medio para garantizar la independencia frente al ejecutivo, pues permite salvaguardar a los órganos jurisdiccionales de la injerencia de éste: significa que nombrado o designado un Juez o Magistrado conforme a un estatuto legal determinado no puede ser removido del cargo sino en virtud de causas razonables tasadas o limitadas y previamente determinadas. La actual inamovilidad procede del rudimentario sistema de venalidad de oficios en el

Antiguo Régimen, mediante el cual se adquiría la propiedad de la función juzgadora. Precisamente Montesquieu rechazaba la profesionalización del Juez como medio de evitar estas compraventas.

En nuestro ordenamiento positivo la inamovilidad está consagrada constitucionalmente, de forma expresa en el artículos 117.1º y además el párrafo segundo de este mismo artículo pormenoriza esta garantía al asegurar el derecho que tienen los Jueces y Magistrados de no ser "*separados, suspendidos, trasladados ni jubilados sino por alguna de las causas y con las garantías previstas en la ley*". En sentido idéntico se pronuncia la LOPJ, en sus artículos 1 y 15, con desarrollo en los artículos 378 y ss.

Por otra parte, la garantía de la independencia de los órganos jurisdiccionales se traduce en la protección práctica concedida por otras normas, tales como las garantías del artículo 12.2 y 3 LOPJ, que prohíben la corrección de los jueces por sus superiores o el CGPJ. No caben circulares ni instrucciones como medida de presión, e incluso en caso de que existieran, la LOPJ prevé la consideración de tal infracción como "falta grave". Todo ello, por supuesto, con la excepción de las correcciones que puedan efectuarse a través de la administración de justicia en virtud de los recursos que establezcan las leyes.

3.4. Concepto.

La doctrina ha destacado el carácter anfibológico del término "jurisdicción" y las consiguientes dificultades para sistematizar las distintas acepciones, no obstante, en el breve recorrido a través del análisis de este concepto capital para el Derecho procesal se ha partido de dos perspectivas cuyo examen ha permitido obtener las siguientes conclusiones: desde un punto de vista estático o constitucional la jurisdicción se presenta como una potestad que corresponde exclusivamente al Estado el cual delega su ejercicio atribuyendo su titularidad permanente e irrevocablemente, a los órganos jurisdiccionales; y, desde el punto de vista dinámico o procesal, como función jurisdiccional dirigida a la satisfacción irrevocable de intereses jurídicos socialmente relevantes llevada a cabo por los órganos legalmente determinados e independientes a través de la vía legalmente preestablecida –proceso–.

Se debe puntualizar, sin embargo, que la referencia a la jurisdicción como potestad estatal que tuvo lugar de forma paralela al surgimiento de la teoría del Estado, concretamente, con el Estado liberal, debe ser modificada, tras la consideración como órganos jurisdiccionales de Tribunales con identidad supranacional o supraestatal –así el TEDH y el TJUE–, con jurisdicción obligatoria dada la adhesión de nuestro país a los Convenios respectivos. La noción de jurisdicción como potestad estatal evidentemente impediría considerar a estos órganos como jurisdiccionales. El obstáculo puede ser salvado si se tiene en cuenta que los textos internacionales mencionados son vistos por la propia jurisprudencia supranacional como Normas fundamentales, y, de este modo, se sustituye la expresión "potestad estatal" por "potestad constitucional". Esta modificación permitirá un concepto perfectamente integrador de todas las etapas jurisdicción a les a través de la que es posible la satisfacción de los intereses socialmente reconocidos.

De este modo el concepto global resultante que se acoge es el que entiende a la jurisdicción como "*aquella potestad constitucional ejercida, exclusiva y excluyentemente, por Tribunales independientes, previa y legalmente establecidos, funcionalmente desarrollada de modo imparcial en el proceso, dirigida a la satisfacción irrevocable de los intereses jurídicos socialmente relevantes*".

3.5. Extensión y límites.

3.5.1. Consideraciones previas.

Con carácter previo a la concreción de qué Juez español debe conocer de un determinado litigio, hay que resolver la cuestión de si ese Juez tiene que ser un juez español o, por el contrario, extranjero (CORTÉS DOMÍNGUEZ), trazando, para un supuesto específica, los límites externos o internacionales de la jurisdicción (CALAMANDREI).

La LOPJ, con la denominación de "extensión y límites de la jurisdicción", incluye en el Título I del Libro I, por primera vez, las normas que determinan en todos los órdenes jurisdiccionales la atribución de los asuntos, con elementos extranjeros, a los Juzgados y Tribunales españoles, es decir, las reglas de la "competencia judicial internacional" o conjunto de atribuciones que delimitan el volumen de asuntos con elementos extranjeros cuyo conocimiento se reserva a la jurisdicción estatal (GONZÁLEZ GRANDA).

Hasta la promulgación de la LOPJ, la regulación de este problema venía dada por los artículos 51 y 70 LEC y el RD de extranjería de 1852; dichas normas habían sido interpretadas por la jurisprudencia del TS en el sentido de afirmar, prácticamente sin matices, que los órganos jurisdiccionales españoles eran competentes para el conocimiento de cualquier conflicto, fuesen cuales fueren las conexiones internacionales del mismo. La doctrina científica afirmo que este criterio jurisprudencial implicaba un fenómeno de "imperialismo jurisdiccional" (MIAJA DE LA MUELA).

La extensión y límites del orden jurisdiccional civil se halla regulada, ahora, fundamentalmente en los artículos 4, 21, y 22 a 22 nonies LOPJ, así como en el 36 LEC, Reglamento (CE) núm. 1215/2012, del Parlamento

Europeo y del Consejo, de 12 de diciembre (Reglamento Bruselas I Bis), aplicable desde el 10 de enero de 2014, que vino a sustituir al Reglamento 44/2001, de 22 de diciembre de 2000 (Reglamento Bruselas I), también deben tenerse en consideración Reglamento (CE) n.º 2201/2003 del Consejo, de 27 de noviembre de 2003, relativo a la competencia, el reconocimiento y la ejecución de resoluciones judiciales en materia matrimonial y de responsabilidad parental, por el que se deroga el Reglamento (CE) nº 1347/2000 ha sido derogado por al entrada en vigor del Reglamento (UE) n.º 2019/1111 del Consejo, de 25 de junio de 2019, relativo a la competencia, el reconocimiento y la ejecución de resoluciones en materia matrimonial y de responsabilidad parental, y sobre la sustracción internacional de menores, el pasado 1 de agosto de 2022, finalmente, en multitud de Tratados y Convenios internacionales bilaterales y/o multilaterales, ratificados por España.

El TJUE se pronuncia, en su STJUE C–501/20 (documento nº 62020CJ0501), de 1 de agosto de 2022, sobre la competencia de los tribunales españoles en virtud del Reglamento (CE) n.º 2201/2003 del Consejo, de 27 de noviembre de 2003, relativo a la competencia, el reconocimiento y la ejecución de resoluciones judiciales en materia matrimonial y de responsabilidad parental, por el que se deroga el Reglamento (CE) nº 1347/2000 y del Reglamento (CE) n.º 4/2009 del Consejo, de 18 de diciembre de 2008, relativo a la competencia, la ley aplicable, el reconocimiento y la ejecución de las resoluciones y la cooperación en materia de obligaciones de alimentos. En su sentencia, el TJUE precisa los elementos pertinentes para determinar la residencia habitual de las partes, que figura como criterio de competencia en dichos Reglamentos. Asimismo, especifica las condiciones en las que un tribunal ante el que se haya presentado la demanda puede reconocer su competencia para pronunciarse en materia de divorcio, responsabilidad parental y obligación de alimentos cuando en principio no resulte competente ningún tribunal de un Estado miembro.

La extensión y límites del orden jurisdiccional penal aparece contemplada en el artículo 23 LOPJ. El artículo 23 LOPJ, que contempla el principio de territorialidad, prevé una serie de supuestos de extraterritorialidad, es decir, situaciones en las que, aun no habiéndose cometido la infracción criminal en España, se entienden sometidos los responsables criminales a la jurisdicción española, siempre que entre el supuesto delito y España exista alguno de los vínculos enumerados en los apartados 2, 3 y 4 del citado precepto legal.

A saber:

– Principio de personalidad: El artículo 23.2 LOPJ atribuye la competencia penal de los juzgados y tribunales españoles en atención a la personalidad activa o nacionalidad del supuesto responsable, es decir los juzgados y tribunales españoles serán competentes cuando siendo el responsable penal español o extranjero, que se haya nacionalizado después de cometido los hechos, siempre que: 1) Se disponga la incriminación penal del hecho cometido, salvo que, en virtud de un Tratado internacional o de un acto normativo de una Organización internacional de la que España sea parte, no resulte necesario dicho requisito, 2) Se formule previa denuncia o querella, en España, por el agraviado o el Ministerio Fiscal y 2) Se reconozca la eficacia de las decisiones extranjeras en materia penal, aplicando el principio *non bis in idem* (SSTS., Sala 2ª, de 19 de abril y 17 de octubre de 1988, 9 de octubre de 1995, entre otras).

– Principio real o de protección de unos bienes jurídicos determinados: Pese a que la infracción criminal haya sido cometida en el extranjero y de que el acusado sea extranjero, los Juzgados y Tribunales españoles serán competentes cuando la infracción criminal afecte a determinados bienes españoles, especialmente los relativos al sistema político, siempre que se cumpla el principio de reciprocidad (23.3 LOPJ).

– Principio de universalidad o justicia mundial: La LOPJ (23.4 LOPJ) atribuye la competencia a los Juzgados y Tribunales españoles en los supuestos de que el delito afecte a intereses reconocidos por la Comunidad Internacional como digno de protección en los Convenios y tratados internacionales (letras a) a p), siempre que los responsables se encuentren en España y cualquier otro que, según los tratados y convenios internacionales, en particular los Convenios de derecho internacional humanitario y de protección de los derechos humanos, deba ser perseguido en España.

Sin perjuicio de lo que pudieran disponer los tratados y convenios internacionales suscritos por España, para que puedan conocer los Tribunales españoles de los anteriores delitos deberá quedar acreditado que sus presuntos responsables se encuentran en España o que existen víctimas de nacionalidad española, o constatarse algún vínculo de conexión relevante con España y, en todo caso, que en otro país competente o en el seno de un Tribunal internacional no se ha iniciado procedimiento que suponga una investigación y una persecución efectiva, en su caso, de tales hechos punibles.

La jurisdicción española será también competente para conocer de los delitos enumerados en las letras a) a p) del artículo 23.4 LOPJ cometidos fuera del territorio nacional por ciudadanos extranjeros que se encontraran en

España y cuya extradición hubiera sido denegada por las autoridades españolas, siempre que así lo imponga un Tratado vigente para España.

En los supuestos de los apartados 3 y 4 del artículo 23 LOPJ será necesario que el delincuente no haya sido absuelto, indultado o penado en el extranjero, o, en este último caso, no haya cumplido la condenada. Si sólo lo hubiera cumplido en parte, se le tendrá en cuenta para rebajarle proporcionalmente la que le corresponda [23.2 c) LOPJ].

Los delitos a los que se refieren los apartados 3 y 4 del artículo 23 LOPJ solamente serán perseguibles en España previa interposición de querella por el agraviado o por el Ministerio Fiscal (23.6 LOPJ).

La extensión y límites del orden jurisdiccional contencioso–administrativo, que se regula en los artículos 9.4 y 24 LOPJ, así como en los artículos 1 a 5 LJCA, abarca a las pretensiones que se deduzcan contra actos de las Administraciones públicas o a disposiciones de carácter general de rango inferior a la Ley.

La extensión y límites del orden jurisdiccional social, contemplado en el artículo 25 LOPJ (así como en los artículos 9.5 LOPJ y 1 y 2 LJS) abarca a las pretensiones que se promuevan dentro de la rama social del Derecho, tanto en conflictos individuales como colectivos, así como las reclamaciones en materia de Seguridad Social o contra el Estado cuando le atribuya responsabilidad la legislación laboral.

3.5.2. La dimensión "interna" de la extensión jurisdiccional.

El artículo 4 LOPJ se refiere, preferentemente, a la dimensión "interna" de la extensión jurisdiccional, disponiendo que: "*La jurisdicción se extiende a todas las personas, a todas las materias y a todo el territorio español, en la forma establecida en la Constitución y las leyes*".

La norma establece el principio general de que la jurisdicción se extiende a todas las personas, a todas las materias y a todo el territorio español, en la forma establecida en la Constitución y en las Leyes.

Al aludir a "todas las personas" se refiere tanto a las personas físicas como a las jurídicas, tanto en el supuesto de que sean españoles como extranjeros. La indicación "todas las materias" ha de entenderse referida a las cuestiones civiles, penales, sociales y contencioso –administrativas dentro de la función de la jurisdicción, es decir, el juzgar y hacer ejecutar lo juzgado. Por territorio español ha de entenderse no sólo el espacio territorial comprendido dentro de los límites de la Nación española, sino el llamado mar territorial, el espacio aéreo, los buques mercantiles y de guerra con pabellón español y las aeronaves que tengan pabellón español.

La amplísima declaración del artículo citado no se deja, sin embargo, comprender bien, salvo en lo que vale de excepción para los supuestos de inviolabilidad penal que se verán, y en lo relativo a la precisión territorial, obvia por otra parte, puesto que se reconoce la coincidencia de límites entre los de la soberanía nacional y los de la jurisdicción derivada de la misma, principio reconocido desde hace muchos años por el TS.

En este sentido, el primer correctivo lo impone el artículo 9.1º LOPJ. Ello significa que un Juez español sólo puede ejercer la potestad jurisdiccional sobre personas, materias y en un territorio concreto, si una Ley así lo reconoce expresamente, bien la LOPJ, la LEC o cualquier otra, así como en Convenios y Tratados Internacionales (21.1 LOPJ).

3.5.3. La inmunidad jurisdiccional.

3.5.3.1. La inmunidad jurisdiccional por razones de Derecho Público interno.

Las declaraciones generales sobre la extensión a efectos internos de la jurisdicción estatal, encuentran limitaciones derivadas de causas cuya justificación se funda en la naturaleza de la función y del cargo que ejercen y desempeñan determinadas personas en relación con la división de poderes, como base del Estado democrático. Estas limitaciones se configuran como auténticas exenciones jurisdiccionales, ya sean de carácter absoluto o relativo, que producen el efecto de excluir la virtualidad de la sujeción a la jurisdicción como regla común, expresiva de un aspecto del principio de igualdad ante la Ley.

Tienen carácter de exención absoluta, la referencia a la inviolabilidad (irresponsabilidad) del Rey (63 CE), y son exenciones relativas limitadas a materias determinadas, las dispensadas a los Diputados y a los Senadores, conforme a la tradicional prerrogativa de inviolabilidad, aún después de haber cesado en sus mandatos, por las opiniones manifestadas en el ejercicio de sus funciones, recogida en el 71.1 y 2 CE y los Reglamentos del Congreso y del Senado (10 y 21, respectivamente), sin olvidar la prerrogativa de los diputados del Parlamento Europeo (14 y 15 del Protocolo sobre Privilegios e Inmunidades del Consejo de Europa) y autonómicos, declarada por todos los Estatutos de Autonomía (26.6 País Vasco, 31 Cataluña, 11 Galicia, 26 Asturias, 25 Madrid, 12 Comunidad Valenciana, 13 y 15 Navarra, entre otros); así como las relativas a los Magistrados del TC (22 LOTC), Jueces del TEDH (1, 2 y 3 del Sexto Protocolo Adicional al Acuerdo General sobre Privilegios e Inmunidades del Consejo de Europa, personas que participan en los procedimientos ante el TEDH (2 del Acuerdo Europeo de 5 de marzo de 1996, Jueces y Abogados Generales del TJCE (21 del Protocolo sobre privilegios y las inmunidades de las Comunidades Europeas tras su modificación por el Tratado de Niza, 13 del Instrumento de Certificación del Acuerdo sobre

Privilegios e Inmunidades de la CPI, hecho en Nueva York de 9 de setiembre de 2002, o en la del Defensor del Pueblo y sus Adjuntos y los Defensores del Pueblo de carácter autonómico (6.2 y 8.4 LODP y 1 L 36/1985, de 6 de noviembre).

No debe olvidarse, para concluir con los casos penales, que el menor de 18 años no será responsable criminalmente con arreglo al CP quedando sometido a lo previsto en la LORPM (19 CP).

3.5.3.2. La inmunidad jurisdiccional por razones de Derecho Internacional público.

La LOPJ, de 1870, disponía, en su artículo 334, la inmunidad absoluta de los Jefes de Estado, de Gobierno y representantes diplomáticos, con la consecuencia de que los tribunales de otro Estado han de abstenerse de dirigir imputación o tramitar causa alguna contra cualquiera de dichos representantes.

La inmunidad de jurisdicción es una institución muy antigua, aplicada en virtud de Derecho Internacional, en todos los Estados civiliza– dos. Una famosa sentencia del Tribunal Supremo de los EE.UU., en la que fue ponente el Juez Marshall (*The Shooner Exchange v. Mac Faddom*, 1812), expresa exactamente los fundamentos de la inmunidad, señalándose por el citado Juez que "*... Dado que el mundo está compuesto de soberanías distintas, que poseen iguales derechos o igual independencia, y a cuyo beneficio mutuo contribuyen las relaciones que mantienen entre sí y el intercambio de los buenos oficios que la humanidad dicte y sus necesidades requieren, todos los soberanos han aceptado en la práctica y en determinadas circunstancias una limitación de la jurisdicción absoluta y completa que les confiere la soberanía dentro de sus respectivos territorios*".

Los límites que impone el Derecho Internacional público a la potestad jurisdiccional del Estado, se disponen en el artículo 21.2 LOPJ, en concreto los derivados de la llamada "inmunidad de jurisdicción y de ejecución" que impide, conforme al Estatuto Internacional atribuido a determinadas personas o entidades, que un Estado ejerza su jurisdicción respecto a juicios en los que sean demandados o inculpados estos sujetos. En realidad, estas circunstancias se traducen en "exenciones jurisdiccionales" prevista en los respectivos preceptos de los Tratados y convenios internacionales, que prevén numerosos supuestos de inviolabilidad.

Pese a que la doctrina del TC (SSTC 107/1992, de 1 de julio y 292/1994, de 27 de octubre), en alguna medida, ha intentado poner límites a la inmunidad absoluta de los Estados extranjeros ante los Tribunales españoles, está adquiriendo, en la actualidad, más trascendencia la inmunidad jurisdiccional referida a los agentes diplomáticos y los funcionarios consulares (MONTERO AROCA), expresamente reconocida en Tratados internacionales – concretamente, artículos 31 y 323 de la Convención de Viena sobre Relaciones Diplomáticas de 18 de abril de 1961 y artículos 41 y 45 de la Convención de Viena sobre Relaciones Consulares de 24 de abril de 1963, 105 de la Carta de las Naciones Unidas de 26 de junio de 1945, 7 del Tratado del Atlántico Norte, 30 del Estatuto del Tribunal Penal Internacional para la ex Yugoslavia, aprobado por Resolución 827 (1993), de 25 de mayo, del Consejo de Seguridad de las Naciones Unidas, 29 del Estatuto de del Tribunal penal Internacional para Ruanda, aprobado por Resolución 955 (1995) de 8 de noviembre de 1994, del Consejo de la Seguridad de las Naciones Unidas, artículos 27 y 48 del Estatuto de la Corte Penal internacional), habiendo afirmado el TC que la inmunidad de jurisdicción de los agentes diplomáticos no vulnera el derecho a la tutela judicial efectiva (STC 140/1995, de 28 de setiembre) 3.6. Responsabilidad patrimonial del Estado en caso de error judicial o por funcionamiento anormal de la Administración de Justicia

3.6. Responsabilidad patrimonial del Estado en caso de error judicial o por funcionamiento anormal de la Administración de Justicia

El artículo 9.3 CE proclama expresamente el principio general de «responsabilidad de los poderes públicos». En particular, el artículo 121 CE afirma que «*los daños por error judicial, así como los que sean consecuencia del funcionamiento anormal de la Administración de Justicia darán derecho a una indemnización a cargo del Estado, conforme a la Ley*».

El desarrollo legislativo de las previsiones constitucionales citadas se incluye en el Libro III «Del régimen de los Juzgados y Tribunales» del Título V «De la responsabilidad patrimonial del Estado por el funcionamiento de la Administración de Justicia» (292 a 297 LOPJ) Concretamente, el artículo 292.1 LOPJ dispone que «*Los daños causados en cualesquiera bienes o derechos por error judicial, así como los que sean consecuencia del funcionamiento anormal de la Administración de Justicia darán a todos los perjudicados derecho a una indemnización a cargo del Estado, salvo que en los caso de fuerza mayor, con arreglo a lo dispuesto en este Título*». En consecuencia, entre las circunstancias de hecho que constituyen presupuesto de la responsabilidad patrimonial del denominado Estado-Juez que se indican en el precepto legal citado es necesario distinguir: de un lado, la categoría del «error judicial» y, singularmente, dentro de ella, el caso concreto de la prisión provisional indebida del artículo 294 LOPJ; y, de otra, la hipótesis del «funcionamiento anormal de la Administración de Justicia», de la que constituye el ejemplo típico el retraso injustificado en la tramitación de los procesos judiciales.

Nos encontramos con una especia de «doble remisión», por cuanto mientras la responsabilidad patrimonial de la Administración se regula en la Ley 40/2015, de 1 de octubre (LRJSP) que, en relación a la Administración de Justicia, remite a la LOPJ; ésta, a su vez, en el artículo 293.2 realiza una nueva remisión a lo dispuesto en la LRJSP (32 a 35). En consecuencia, la regulación básica del procedimiento a seguir en estos casos será el contenido en el Capítulo IV del Título Preliminar de la LRJSP.

Por su parte, el artículo 294 LOPJ, contiene la regulación del supuesto específico de responsabilidad por error judicial en los casos en que se decrete la prisión provisional de manera indebida. La Sala 3ª del TS había mantenido durante varios años, una interpretación extensiva del artículo 294 LOPJ, incluyendo en él, no solo los supuestos recogidos expresamente en el mismo (aquellos en que se produce la absolución del acusado por inexistencia del hecho imputado, entendido así desde un punto de vista objetivo), sino también los supuestos de inexistencia subjetiva (aquellos en que la absolución tiene lugar o bien por no haberse demostrado la participación del acusado en los hechos o porque no existieron pruebas de cargo suficientes para conculcar la presunción de inocencia del mismo); su criterio da un giro copernicano, pasando a una interpretación restrictiva, a partir de dos sentencias (de la misma fecha) SsTS, Sala 3ª, de 23 de noviembre de 2010 (posteriormente confirmadas por STS, Sala 3ª, de 24 de mayo de 2011, motivada por las SsTEDH de 9 de noviembre de 2005 –caso Del Latte c. Países–Bajos–, de 27 de setiembre de 2007 –caso VaSsilios Stavropoulos c. Grecia–, de 24 de abril de 2008 –caso Ismoïlov y otros c. Rusia– y de 13 de julio de 2010 –caso Tendam c. España).

La STC 85/2019, de 19 de junio, ante la cuestión interna de inconstitucionalidad planteada por el Pleno, recupera la interpretación extensiva al declarar la inconstitucionalidad y nulidad de los incisos «por inexistencia del hecho imputado» y «por esta misma causa» del artículo 294.1 LOPJ. Señala el TC que «*circunscribir el ámbito aplicativo del artículo 294 LOPJ a la inexistencia objetiva del hecho establece una diferencia de trato injustificada y desproporcionada respecto de los inocentes absueltos por no ser autores del hecho al tiempo que menoscaba el derecho a la presunción de inocencia al excluir al absuelto por falta de prueba de la existencia objetiva del hecho*», de manera que los incisos declarados inconstitucionales son contrarios a los derechos a la igualdad y a la presunción de inocencia. " "

.

Tema 4. Organización y personal judicial

J. Carlos Gómez de Liaño Polo

4.1. Organización de juzgados y tribunales

4.1.1. Órganos judiciales

En nuestro ordenamiento jurídico se establece que la resolución de las controversias a través del proceso judicial está constitucionalmente atribuida con carácter exclusivo a los jueces y magistrados integrantes del poder judicial (117.3 CE) a los que corresponde juzgar y hacer ejecutar lo juzgado por todos los mecanismos permitidos por la ley, siendo la fuerza el que ha de aplicarse en último lugar y siempre en su justa medida.

Por lo tanto, corresponde al personal jurisdiccional (jueces y magistrados) la determinación del derecho para el caso concreto, ejerciendo así la potestad jurisdiccional prevista en la CE conforme a los principios ya analizados en el tema anterior.

Como consecuencia de la necesidad de distribución de la carga de trabajo de los tribunales por razón de la materia y del territorio, hace necesario la existencia de Juzgados y Tribunales de distintas categorías y diferentes competencias territoriales y también por razón de la materia sobre la que verse el conflicto que han de solucionar estos órganos jurisdiccionales.

El Libro I de la LOPJ regula la extensión y límites de la jurisdicción y de la planta y organización de los juzgados y tribunales.

La Ley 38/1988, de 28 de diciembre de Demarcación y de Planta Judicial desarrolla la materia. Siendo recientemente modificada por la Ley Orgánica 1/2025, de 2 de enero de Medidas en Materia de Eficiencia del Servicio Público de Justicia, la cual entrara en vigor por fases (Fase 1: 1 julio 2025, Juzgados de primera instancia e instrucción, Fase 2: 1 octubre 2025, juzgados de primera instancia, juzgados de instrucción. Fase 3: 31 diciembre 2025 Resto Juzgados)

Así, se establece por dicha normativa que el ejercicio de la potestad jurisdiccional se atribuye a los juzgados y Tribunales siguientes:

- Jueces y juezas de paz
- Tribunales de Instancia
- Audiencias Provinciales

- Tribunales Superiores de Justicia
- Audiencia Nacional
- Tribunal Supremo

El Tribunal Supremo se compone de su presidente, de los presidentes de sala y los magistrados que determine la ley para cada una de sus salas y secciones. Tiene cinco salas: de lo Civil, de lo Penal, de lo Contencioso–Administrativo, de lo Social y de lo Militar.

La Audiencia Nacional se compone de su presidente, los presidentes de sala y los magistrados que determine la ley para cada una de sus Salas y Secciones (de Apelación, de lo Penal, de lo Contencioso–Administrativo y de lo Social).

Los Tribunales Superiores de Justicia de las Comunidades Autónomas constan de tres salas (civil y penal, contencioso–administrativo y social). Se componen de un presidente, que lo será también de la sala civil y penal; de los presidentes de sala y de los magistrados que determine la ley para cada una de sus salas.

Las Audiencias Provinciales se componen de un presidente y dos o más magistrados. Tendrán competencia en materias correspondientes a los órdenes civil y penal, pudiendo existir secciones con la misma composición.

Los Tribunales de Instancia, estarán compuesto por un Presidente del Tribunal de Instancia, se constituirán Secciones, con un Presidente por Sección, cuando existan dos o más secciones, cuando en la sección existan ocho o más plazas judiciales o el número total de plazas judiciales en el TI sea igual o superior a 12.

El Tribunal Central de Instancia estará compuesto por el Presidente del Tribunal Central de Instancia y habrá cinco secciones (Sección de Instrucción, Sección de lo Penal, Sección de Menores, Sección de Vigilancia Penitenciaria, Sección de lo Contencioso-Administrativo).

4.1.2. Organización territorial

El Estado se organiza territorialmente, a efectos judiciales, en municipios, partidos, provincias y Comunidades Autónomas (30 LOPJ). El **municipio** se corresponde con la demarcación administrativa del mismo nombre (31 LOPJ). El **partido** es la unidad territorial integrada por uno o más municipios limítrofes, pertenecientes a una misma provincia (32 LOPJ); la modificación de partidos se realizará, en su caso, en función del número de asuntos, de las características de la población, medios de comunicación y comarcas naturales; el partido podrá coincidir con la demarcación provincial. La **provincia** se ajustará a los límites territoriales de la demarcación administrativa del mismo nombre (33 LOPJ). La **Comunidad Autónoma** será el ámbito territorial de los Tribunales Superiores de Justicia (34 LOPJ).

El Tribunal Supremo, la Audiencia Nacional, el Tribunal Central de Instancia y el Juzgado de lo mercantil de marca comunitaria de Alicante extienden su jurisdicción a toda España.

4.1.3. Órdenes jurisdiccionales

En la organización judicial española, la jurisdicción ordinaria se divide en cuatro órdenes jurisdiccionales:

Civil. Examina los litigios cuyo conocimiento no venga expresamente atribuido a otro orden jurisdiccional. Por ello puede ser catalogado como ordinario o común.

Penal. Corresponde al orden penal el conocimiento de las causas y juicios criminales. Es característica del Derecho español que la acción civil derivada de ilícito penal pueda ser ejercitada conjuntamente con la penal. En tal caso, el tribunal penal decidirá la indemnización correspondiente para reparar los daños y perjuicios ocasionados por el delito.

Contencioso administrativo. El contencioso–administrativo trata del control de la legalidad de la actuación de las administraciones públicas y las reclamaciones de responsabilidad patrimonial que se dirijan contra las mismas.

Social. Conoce de las pretensiones que se ejerciten en la rama social del Derecho, tanto en conflictos individuales entre trabajador y empresario con ocasión del contrato de trabajo, como en materia de negociación colectiva, así como las reclamaciones en materia de Seguridad Social o contra el Estado cuando le atribuya responsabilidad la legislación laboral.

Además de los cuatro órdenes jurisdiccionales, existe en España la Jurisdicción Militar que supone una excepción al principio de unidad jurisdiccional. La CE establece los principios reguladores de la actividad jurisdiccional y en ella se sienta la unidad del Poder Judicial del Estado, manteniéndose la especialidad de la jurisdicción militar en el ámbito estrictamente castrense y en los supuestos de estado de sitio, con sometimiento, en todo caso, a los principios constitucionales, conforme al artículo 117.5 del texto fundamental.

No existe en España un orden jurisdiccional extraordinario, pero si podemos destacar que, dentro de los órdenes jurisdiccionales mencionados, se han creado Juzgados especializados por razón de la materia (los actuales juzgados se transforman en SECCIONES; una sección por orden jurisdiccional). Así, por ejemplo, la sección de Violencia sobre la Mujer, la sección de Vigilancia Penitenciaria o de Violencia contra la infancia y adolescencia o de menores. Estas secciones están integrados en la jurisdicción ordinaria, pero cuentan con una especialización por razón de la materia.

4.1.4. Organización jurisdiccional

El órgano más importante es el Tribunal Supremo (Tribunal Superior en todos los órdenes artículo 123 CE), tiene su sede en Madrid. El TS está dividido en cinco Salas, que entienden de los recursos que se presenten contra las resoluciones de los Tribunales inferiores y en primera o única instancia de los procesos sobre responsabilidad del Presidente y los Ministros del Gobierno de la Nación, de los Senadores y Diputados de las Cortes Generales, del Presidente y los Magistrados del Tribunal Supremo, de los Vocales del Consejo General del Poder Judicial, del Presidente y los Magistrados del Tribunal Constitucional y de otros integrantes de Órganos Constitucionales del Estado y las comunidades autónomas, siempre según los respectivos órdenes jurisdiccionales:

- Sala Primera, de lo Civil.
- Sala Segunda, de lo Penal.
- Sala Tercera, de lo Contencioso–Administrativo.
- Sala Cuarta, de lo Social.
- Sala Quinta, de lo Militar.

En concreto, el TS constituye la cúpula del sistema de impugnaciones y es, por tanto, el máximo responsable de la unidad de interpretación de la jurisprudencia en España. Se ocupa, entre otras cuestiones, de decidir los recursos de casación, revisión y otros extraordinarios, del enjuiciamiento de los miembros de altos órganos del Estado y de los procesos de declaración de ilegalización de partidos políticos. Sus competencias aparecen reguladas en los artículos 53 a 61 LOPJ.

Los TSJ culminan la organización judicial en el ámbito territorial de las CCAA, sin perjuicio de la competencia que corresponde al TS y de aquellas materias referidas a las garantías constitucionales, competencia que corresponde al TC. Las competencias de los TSJ están previstas en los artículos 70 a 75 LOPJ.

La AN tiene su sede en Madrid y es un órgano jurisdiccional único en España con jurisdicción en todo el territorio nacional, constituyendo un Tribunal centralizado y especializado para el conocimiento de determinadas materias que vienen atribuidas por Ley. Fue creada en virtud de lo dispuesto en el Real Decreto Ley 1/1977, de 4 de enero de 1977. La AN se regula en los artículos 62 a 69 de la LOPJ.

En la Villa de Madrid y con jurisdicción en todo el territorio nacional existirá un Tribunal Central de Instancia, que contará con las siguientes Secciones:

a) Sección de Instrucción, que instruirá las causas cuyo enjuiciamiento corresponda a la Sala de lo Penal de la Audiencia Nacional o, en su caso, a la Sección de lo Penal del propio Tribunal Central de Instancia y tramitará los expedientes de ejecución de las órdenes europeas de detención y entrega, los procedimientos de extradición pasiva, los relativos a la emisión y la ejecución de otros instrumentos de reconocimiento mutuo de resoluciones penales en la Unión Europea que les atribuya la ley, así como las solicitudes de información entre los servicios de seguridad de los Estados miembros de la Unión Europea cuando requieran autorización judicial, en los términos previstos en la ley. En la Sección de Instrucción, los jueces y juezas de garantías conocerán de las peticiones de la Fiscalía Europea relativas a la adopción de medidas cautelares personales, la autorización de los actos que supongan limitación de los derechos fundamentales cuya adopción esté reservada a la autoridad judicial y demás supuestos que expresamente determine la ley.Igualmente, conocerán de las impugnaciones que establezca la ley contra los decretos de los Fiscales europeos delegados.

b) Sección de lo Penal, que conocerá, en los casos en que así lo establezcan las leyes procesales, de las causas por los delitos a que se refiere el artículo 65 y de los demás asuntos que señalen las leyes. Corresponde asimismo a la Sección de lo Penal la ejecución de las sentencias dictadas en causas por delito grave o menos grave por la Sección de Instrucción del propio Tribunal Central de Instancia, y los procedimientos de decomiso autónomo por los delitos para cuyo conocimiento sean competentes.

c) Sección de Menores, que conocerá de las causas que le atribuya la legislación reguladora de la responsabilidad penal de los menores, así como de la emisión y la ejecución de los instrumentos de reconocimiento mutuo de resoluciones penales en la Unión Europea que le atribuya la ley.

d) Sección de Vigilancia Penitenciaria, que tendrá las funciones jurisdiccionales previstas en la Ley Orgánica 1/1979, de 26 de septiembre, General Penitenciaria, descritas en el apartado 1 del artículo 92 de esta ley, la competencia para la emisión y ejecución de los instrumentos de reconocimiento mutuo de resoluciones penales en la Unión Europea que les atribuya la ley y demás funciones que señale la ley, en relación con los delitos competencia de la Audiencia Nacional. En todo caso, la competencia de esta Sección será preferente y excluyente cuando el penado cumpla también otras condenas que no hubiesen sido impuestas por la Audiencia Nacional.

e) Sección de lo Contencioso–Administrativo, que conocerá, en primera o única instancia, de los recursos contencioso–administrativos contra disposiciones y actos emanados de autoridades, organismos, órganos y entidades públicas con competencia en todo el territorio nacional, en los términos que la ley establezca.

Las Audiencias Provinciales son tribunales de justicia que tienen su sede en la capital de la provincia y ejercen su competencia sobre toda ella. Estos órganos judiciales, conocen de asuntos civiles y penales y se estructuran en secciones formadas por tres o cuatro magistrados. Sus competencias se regulan en el artículo 82 LOPJ.

En los Tribunales de Instancia la SC o SU, ejercen funciones jurisdiccionales en el orden civil dentro del territorio de su competencia llamado partido judicial. Sus competencias se regulan en el artículo 85 LOPJ. El nombre del partido judicial toma denominación del municipio donde se encuentra su sede. En el orden civil ofrecen la primera respuesta a los ciudadanos en los conflictos que pudieran suscitarse ante ellos. Sus resoluciones son susceptibles de recurso de apelación ante la Audiencia Provincial de la provincia donde están ubicados. Cuando se estime conveniente, en función de la carga de trabajo, se creará en el Tribunal de Instancia una SF, que extenderá su jurisdicción a todo el partido judicial.

Se trata de los órganos judiciales más cercanos a los ciudadanos tanto por su ubicación en la cabecera de los partidos judiciales como por sus competencias que precisan, en la mayoría de los casos, de la presencia en sus dependencias de los interesados para la práctica de pruebas.

Con carácter general, en el Tribunal de Instancia con sede en la capital de cada provincia, existirá una SM con jurisdicción en toda la provincia y sede en su capital Además de la competencia para conocer con jurisdicción en toda la provincia de las materias a que se refiere este artículo, la Sección de lo Mercantil del Tribunal de Instancia de Alicante tendrá competencia exclusiva para conocer en primera instancia con jurisdicción en todo el territorio nacional de aquellas acciones que se ejerciten al amparo de lo establecido en el Reglamento (UE) 2017/1001 del Parlamento y del Consejo, de 14 de junio de 2017, sobre la marca de la Unión Europea, y del Reglamento (CE) n.º 6/2002, del Consejo, de 12 de diciembre de 2001, sobre los dibujos y modelos comunitarios. A los solos efectos de la competencia específica a que se refiere el párrafo anterior, dicha Sección se denominará Tribunal de Marca de la Unión Europea y tendrá también competencia exclusiva para conocer de aquellas demandas civiles en las que se ejerciten acumuladas acciones relativas a marcas de la Unión y a marcas nacionales o internacionales idénticas o similares; y de aquellas en las que existiera cualquier otra conexión entre las acciones ejercitadas si al menos una de ellas estuviera basada en un registro o solicitud de marca de la Unión». (87 LOPJ)

La SI o la SU de los TI ejercen funciones jurisdiccionales en el orden penal dentro del territorio de su competencia llamado partido judicial. Tienen encomendado el conocimiento y fallo de los juicios sobre delitos leves, así como la instrucción de los delitos, que serán enjuiciados la Sección de lo Penal, las Audiencias Provinciales o el Tribunal del Jurado (88 LOPJ).

Los Tribunales de Instancia con SU se constituyen con competencias mixtas (civil y penal) en aquellas poblaciones donde el volumen de asuntos no justifica su desdoblamiento.

El artículo 89 de la LOPJ establece que el Consejo General del Poder Judicial, previo informe de las Salas de Gobierno, podrá acordar que, en aquellos Tribunales de Instancia donde no hubiere una SVM de los asuntos referidos en este artículo corresponda a uno de los jueces o juezas de la SI, o de la SU, determinándose en esta situación que ese juez o jueza conozca de todos estos asuntos dentro del partido judicial, ya sea de forma exclusiva o conociendo también de otras materias. Cuando se estime conveniente, en función de la carga de trabajo, se creará en el Tribunal de Instancia una SVM, que extenderá su jurisdicción a todo el partido judicial. Las SVM conocerán, en el orden penal, de conformidad en todo caso con los procedimientos y recursos previstos en la Ley de Enjuiciamiento Criminal, de los siguientes supuestos: a) De la instrucción de los procesos para exigir responsabilidad penal por los delitos recogidos en los Títulos del Código Penal relativos a homicidio, aborto, lesiones, lesiones al feto, delitos contra la libertad, delitos contra la integridad moral, contra la libertad e indemnidad sexual, contra la intimidad y el derecho a la propia imagen, contra el honor o cualquier otro delito cometido con violencia o intimidación, siempre que se hubiesen cometido contra quien sea o haya sido su esposa o mujer que esté o haya estado ligada al autor por análoga relación de afectividad, aun sin convivencia, así como de los cometidos sobre los descendientes, propios o de la esposa o conviviente, o sobre los menores o personas con discapacidad que con él convivan o que se hallen sujetos a la potestad, tutela, curatela, acogimiento o guarda de hecho de la esposa o conviviente, cuando también se haya producido un acto de violencia de género. b) De la instrucción de los procesos para exigir responsabilidad penal por cualquier delito contra las relaciones familiares, cuando la víctima sea alguna de las personas señaladas en la letra anterior. c) De la adopción de las correspondientes órdenes de protección a las víctimas, sin perjuicio de las competencias atribuidas al juez o jueza de guardia. Así como de la instrucción de los procesos para exigir responsabilidad penal por los delitos contra la libertad sexual previstos en el título VIII del libro II del Código Penal, por los delitos de mutilación genital femenina, matrimonio forzado, acoso con connotación sexual y la trata con fines de explotación sexual cuando la persona ofendida por el delito sea mujer. Las SVM podrán conocer en el orden civil, en todo caso de conformidad con los procedimientos y recursos previstos en la Ley 1/2000, de 7 de enero, de Enjuiciamiento Civil, de los siguientes asuntos: Los relativos al matrimonio y a su régimen económico matrimonial y los que tengan por objeto la adopción o modificación de medidas de trascendencia familiar y otras acciones derivadas de la crisis matrimonial o de la unión de hecho. Los que versen exclusivamente sobre guarda y custodia de hijos e hijas menores o sobre alimentos reclamados por un progenitor contra el otro en nombre de los hijos e hijas menores. Los relativos a modificación de medidas adoptadas en los procesos que versen sobre las materias previstas en las letras anteriores. Los que versen sobre maternidad, paternidad, filiación y adopción. Los relativos a las relaciones paternofiliales.

Juzgados de Paz se ubican en los municipios en los que no existe Tribunal de Instancia. Son servidos por jueces legos (sin formación jurídica) y no pertenecen a la carrera judicial.

La competencia objetiva y funcional de cada Juzgado se establece en los artículos 53 a 98 LOPJ.

El Tribunal del Jurado está previsto en los artículos 125 CE y 19 LOPJ y se regula en la LO 5/1995, *in datada* (LOTJ); se conforma por nueve ciudadanos (más dos suplentes) legos en derecho, bajo la presidencia de un magistrado de la AP, TSJ o TS. Sus competencias se regulan en el artículo 1 LOTJ.

Sin embargo, esta organización jerarquizada solo es a efectos procesales o jurisdiccionales, nunca gubernativos; en el artículo 12.1 LOPJ establece que en el ejercicio de la potestad jurisdiccional, los jueces y magistrados son independientes respecto a todos los órganos judiciales y de gobierno del Poder Judicial, y también establece que los Tribunales Superiores no pueden, fuera del cauce de los recursos, censurar o corregir la aplicación e interpretación de las normas realizada por los Jueces u órganos inferiores.

4.1.5. Organización gubernativa

I contrario que en la organización jurisdiccional, en esta clase de organización según los efectos *ad intra* el Poder Judicial se observa que los Jueces y Magistrados que integran el Poder Judicial son también funcionarios dependientes del CGPJ. La relación entre éstos y los órganos de gobierno del Poder Judicial hace que surjan los actos administrativos, en los que dichos órganos ejercitan la potestad administrativa de autotutela.

La organización gubernativa se asemeja a la organización Jurisdiccional en su forma piramidal sin embargo en este caso el órgano que se sitúa en la cúspide es el CGPJ, que ostenta todas las potestades gubernativas, incluida también la potestad disciplinaria prevista en el artículo 104.2 LOPJ; Así se establece que el CGPJ tiene competencia para la designación, formación, promoción y régimen disciplinario de los Jueces y Magistrados. Así como también ostenta la potestad de dirigir la inspección de Juzgados y Tribunales.

Por otro lado, debido a que esta potestad se extiende sobre todo el territorio nacional hizo que el legislador de la LOPJ debió delegar determinadas facultades gubernativas y disciplinarias en órganos gubernativos inferiores, aunque el CGPJ se reserva las funciones principales. En materia gubernativa sobre Jueces y Magistrados la competencia plena la ostenta el CGPJ, aunque en determinadas materias pueden conocer con subordinación al CGPJ, las salas de gobierno del TS, de los TSJ y la AN; todo ello recogido en el artículo 104.2 LOPJ.

Finalmente, en la base de la pirámide se encuentran los Presidentes de las secciones con escasas funciones gubernativas (170 LOPJ presiden las juntas de Jueces); los presidentes de la sala están facultados para dictar correcciones disciplinarias sobre los profesionales que se relación con el Tribunal (recogido en el artículo 165 LOPJ). Por otro lado, los presidentes de las AAPP, de los TTSSJJ y del TS ostentan facultades de inspección sobre los Juzgados y Tribunales de su demarcación. Además, en el artículo 152 LOPJ se recoge que las salas de gobierno de los TTSSJJ, son las que ejercen determinadas facultades disciplinarias, así como de incapacitación.

4.1.6. Tribunales no integrados en el Poder Judicial.

Son el Tribunal Constitucional, el Tribunal de Cuentas y los Tribunales Consuetudinarios y tradicionales.

El **Tribunal Constitucional** aparece regulado en el Titulo IX de la C.E, en sus artículos 159 a 165 y en la LO 2/1979, de 3 de octubre (LOTC). Se trata del intérprete supremo de la CE, independiente de los demás poderes del Estado, incluido el Poder Judicial y a cuyas decisiones están todos sometidos.

El TC está integrado por doce miembros designados por un periodo de nueve años, por el Congreso de Diputados (4), por el Senado (4), por el Gobierno (2) y por el CGPJ (2).

El TC tiene una serie de importantes funciones como es la protección de los derechos fundamentales, el control constitucional de la legalidad y la complementación del ordenamiento. De estas funciones deriva la posibilidad de que el TC lleve a cabo un cierto control de las normas y, se puedan interponer ante él determinados recursos.

Respecto a la primera función del TC, la protección de los derechos fundamentales, se ofrece la interposición de un recurso de amparo. Este recurso solo cabe contra la violación de los derechos fundamentales comprendidos en los artículos 14 a 30 de la CE Pueden acudir al amparo constitucional tanto los nacionales como los extranjeros. Asimismo, tienen legitimidad para interponer este recurso, además del titular del derecho fundamental violado, toda persona que ostente un interés legítimo, el Defensor del Pueblo y el Ministerio Fiscal (162.1.b CE.)

Solo se podrá acudir al TC presentando recurso de amparo, una vez se haya acudido a los Tribunales ordinarios agotando todas las instancias dentro del Poder Judicial y, el particular estime no haber satisfecho su pretensión.

Respecto a la segunda función del TC, lleva a cabo un control de la normativa con el fin de que respete la norma suprema, así como el control del principio de jerarquía. Existen distintos instrumentos para llevar a cabo este control: a) El recurso de inconstitucionalidad; b) La cuestión de inconstitucionalidad; c) Los conflictos de competencia entre el Estado y las CCAA; y d) Los conflictos en defensa de la autonomía local.

Finalmente, la última función del TC es la complementación del ordenamiento a partir de su doctrina legal.

El **Tribunal de Cuentas** aparece previsto en el artículo 136 CE; su regulación se dispone en la LO 2/1982, de 12 de mayo (LOTCu) y la L 7/1988, de 5 de abril, de Funcionamiento del Tribunal de Cuentas. Se trata de un Tribunal dependiente de las Cortes Generales, a quien la CE le confiere la potestad de fiscalizar las cuentas y gestión económica del Estado y del sector público. Ejercitan la potestad jurisdiccional, juzgando y haciendo ejecutar lo juzgado en el ámbito de la responsabilidad contable en que incurran quienes tengan a su cargo el manejo de bienes, caudales o efectos públicos,siendo la mayor parte de sus Sentencias recurribles en casación ante la Sala de lo Contencioso–administrativo del TS.

Los Consejeros de Cuentas (12) serán designados por el Congreso de los Diputados (6) y Senado (6) por mayoría de tres quintos de cada una de las Cámaras, por un período de nueve años, entre Censores del Tribunal de Cuentas, Censores Jurados de Cuentas, Magistrados y Fiscales, Profesores de Universidad y funcionarios públicos pertenecientes a Cuerpos para cuyo ingreso se exija titulación académica superior, Abogados, Economistas y Profesores Mercantiles, todos ellos de reconocida competencia, con más de quince años de ejercicio profesional.

Los Consejeros de Cuentas del Tribunal son independientes e inamovibles.

Son órganos del Tribunal de Cuentas: a) Presidente; b) Pleno; c) Comisión de Gobierno; d) Sección de Fiscalización; e) Sección de Enjuiciamiento; f) Consejeros de Cuentas; g) Fiscalía y h) Secretaría General.

Los **Tribunales consuetudinarios** y **tradicionales** se disponen en el artículo 125 CE y están previstos en los artículos 19.3 y 4 LOPJ. Como tales están reconocidos en la actualidad el Tribunal de las Aguas de Valencia y el Consejo de Hombres Buenos de Murcia; el Senado ha tomado en consideración la proposición de ley para reconocer el carácter de tribunal consuetudinario y tradicional al Juzgado Privativo de Aguas de Orihuela y Pueblos de su Marco (BOCG, Senado, núm 172, pág. 217). Se trata de unos órganos jurisdiccionales con independencia debido a la «*auctoritas*» o prestigio de sus Jueces.

4.1.7. Los Tribunales Supranacionales.

Los tribunales supranacionales alcanzan su legitimación constitucional en virtud de la suscripción por las Cortes Generales de Tratados que conllevan la cesión de soberanía y sumisión de los españoles a la jurisdicción de tribunales internacionales, como el Tribunal Penal Internacional, o europeos como el TEDH o el TJUE.

Respecto a los Tribunales europeos, cabe destacar, por un lado, el Tribunal de Primera Instancia y el Tribunal de Justicia de la UE, con competencia para la aplicación de los Tratados; por otro, el Tribunal Europeo de Derechos Humanos competente para la aplicación, mediante el recurso individual, del CEDH. La jurisprudencia del TEDH vincula a todos los poderes públicos españoles en virtud de lo establecido en el artículo 10.2 CE

4.2. El Consejo General del Poder Judicial

El CGPJ es el órgano de gobierno de los jueces y magistrados (122 CE). Está integrado por el Presidente (que lo es a su vez del TS), designado por el Pleno, y por veinte vocales nombrados por el Rey por un periodo de cinco años; de ellos, doce son elegidos entre Jueces y Magistrados y ocho entre abogados y otros juristas, de reconocida competencia y con más de quince años de ejercicio en su profesión. La forma de elección ha sido objeto de vivas polémicas y, desde 2013, todos los vocales son elegidos por el Congreso y el Senado (572 a 578 LOPJ).

El CGPJ puede funcionar en Pleno (599 y 600 LOPJ) y en Comisiones (601 a 610 LOPJ). Corresponde al primero, además del nombramiento del Presidente y del Vicepresidente, realizar las propuestas de nombramientos en los términos de la LOPJ (2 magistrados del TC, presidencias de órganos jurisdiccionales), informar sobre otros nombramientos (del FGE), ejercer la potestad reglamentaria, realizar informes a anteproyectos de ley.

Entre las distintas comisiones se distribuyen el funcionamiento ordinario del CGPJ. La Comisión Permanente está formada por el Presidente del Tribunal Supremo y siete vocales, es de duración anual y sus principales funciones son las que no están expresamente otorgadas al Pleno o a otras comisiones (602.1 de la LOPJ). La Comisión Disciplinaria es la única de mayor duración (5 años); está formada por siete vocales y le corresponde la resolución de expedientes disciplinarios por infracciones muy graves y graves (604 LOPJ). La Comisión de Asuntos Económicos de duración anual está integrada por tres vocales y su competencia es la realización de estudios económicos y financieros encargados por el Pleno, control de la actividad financiera contable de la gerencia y aquellas otras actividades que sean necesarias para el desempeño correcto de las funciones del Consejo (609.4 LOPJ). Por último, la Comisión de Igualdad está constituida por tres vocales y asesora al Pleno en materia de igualdad de género y elabora los informes previos sobre el impacto de género de los Reglamentos.

4.3. Personal judicial

4.3.1. Estatuto de Jueces y Magistrados

El estatuto de los jueces y magistrados se dirige únicamente al denominado personal jurisdiccional, es decir, jueces y magistrados en sentido estricto, sin embargo, se entiende que también le es aplicable a los jueces de paz y a todos los magistrados sustitutos y suplentes, ya que, aunque tengan un carácter temporal, durante ese determinado lapso temporal, son inamovibles y realizan auténticas funciones jurisdiccionales (298.2 LOPJ).

Dentro de la carrera judicial se distinguen tres categorías (299.1 LOPJ): Juez, Magistrado y Magistrado del Tribunal Supremo. Sin pertenecer a la Carrera Judicial, también ejercen funciones jurisdiccionales con carácter temporal los Jueces sustitutos, los Magistrados suplentes, los Jueces de provisión temporal y los Jueces de adscripción temporal (JAT).

Los Jueces de paz han de reunir los requisitos para el acceso a la Carrera Judicial, aunque con la diferencia de que no se exige la posesión del título de Licenciado/Graduado en Derecho. Tanto los Jueces de Paz como sus sustitutos son nombrados para un periodo de cuatro años por la Sala de Gobierno del Tribunal Superior de Justicia correspondiente; el nombramiento recaerá en las personas elegidas por el respectivo Ayuntamiento, con el voto favorable de la mayoría absoluta de sus miembros, entre las personas que, reuniendo las condiciones legales, así lo soliciten (101 LOPJ).

4.3.2. El ingreso en la carrera judicial.

4.3.2.1. Requisitos generales de capacidad

Todos los miembros de la carrera judicial, a excepción de los jueces de paz, son jueces técnicos, en sentido estricto, es decir, además de cumplir unos requisitos generales deben estar en posesión de Licenciado o Graduado en Derecho. Estos requisitos son, entre otros el poseer la nacionalidad española y ser mayor de edad, así como el no estar incursos en causa de incapacidad o incompatibilidad para el oficio judicial.

El acceso a la carrera judicial se realiza a través de pruebas selectivas de acceso, ya sea por el turno libre mediante oposición (301 y ss LOPJ), ya sea a través del denominado "cuarto turno", que reserva una de cada cuatro plazas para ser cubiertas mediante concurso entre juristas de reconocido prestigio, con más de diez años de ejercicio profesional que superen el curso de formación al que se refiere el artículo 301.5 LOPJ (311.1 LOPJ).

En las Salas de lo Civil y Penal de los TSJ, una de cada tres plazas se cubrirá por un jurista de reconocido prestigio con más de diez años de ejercicio profesional en la Comunidad Autónoma, nombrado a propuesta del CGPJ sobre una terna presentada por la Asamblea legislativa (330.4 LOPJ).

Podrán ser nombrados Magistrados del TS para cubrir una de cada cinco plazas a través de lo que se conoce como "quinto turno" los Abogados y juristas de prestigio que, cumpliendo los requisitos establecidos para ello, reúnan méritos suficientes a juicio del CGPJ y hayan desempeñado su actividad profesional por tiempo superior a quince años preferentemente en la rama del Derecho correspondiente al orden jurisdiccional de la Sala para la que hubieran de ser designados (345 LOPJ).

4.3.2.2. Incompatibilidades y prohibiciones.

Al objeto de garantizar la independencia judicial, el personal judicial está sujeto a una serie de incompatibilidades y prohibiciones.

Las incompatibilidades **absolutas** impiden a los Jueces y Magistrados desarrollar el ejercicio de cualquier otra jurisdicción ajena al Poder Judicial, desempeñar cualquier cargo de elección popular o designación política del Estado, Comunidades Autónomas, Provincias y demás entidades locales y organismos dependientes de cualquiera de ellos, ejercer la Abogacía o la Procura, así como cualquier tipo de asesoramiento jurídico, sea o no retribuido y el ejercicio de toda actividad mercantil, por sí o por otro (389 LOPJ).

Las incompatibilidades **relativas** pueden ser por razón de parentesco o de carácter profesional (391 a 394 LOPJ). Las primeras impiden desempeñar el oficio de Juez o Magistrado en la misma población en que su cónyuge o determinados parientes ejerzan como abogado, procurador, fiscal o LAJ. En relación a su actividad profesional, no pueden resolver recurso sobre asuntos en los que previamente hayan participado, ni resolver si previamente hubieran instruido.

El artículo 398 LOPJ regula la inmunidad judicial, disponiéndose que los Jueces y Magistrados en servicio activo sólo podrán ser detenidos por orden de Juez competente o en caso de flagrante delito. En este último caso se tomarán las medidas de aseguramiento indispensables y se entregará inmediatamente el detenido al Juez de Instrucción más próximo.

El control sobre todas estas circunstancias queda sujeto a la abstención del afectado y, a falta de ésta, puede dar lugar a la recusación.

También está prohibido el desempeño de cargos públicos, así como la pertenencia a partidos políticos y sindicatos, aunque sí existen asociaciones profesionales (401 LOPJ).

En definitiva, el estatuto de los jueces y magistrados han de desarrollar todas aquellas consideraciones necesarias para garantizar el cumplimiento de sus funciones en los que se garantice su independencia, autoridad y responsabilidad, que como podemos apreciar de lo dicho, la LOPJ recoge los derechos, deberes, incompatibilidades y prohibiciones, la abstención y recusación, así como su responsabilidad.

4.3.3. . Responsabilidad de Jueces y Magistrados

Los Jueces y Magistrados podrán incurrir en responsabilidad en el ejercicio de su cargo. Esta responsabilidad puede ser: disciplinaria y penal.

La **responsabilidad disciplinaria** surge como consecuencia del incumplimiento de los deberes profesionales o jurisdiccionales; aparece regulada en la LOPJ, donde se recogen la clasificación de las faltas en que pueden incurrir Jueces y Magistrados en muy graves, graves y leves (arts. 416 a 419 LOPJ); las sanciones que se les pueden imponer se señalan en el artículo 420 LOPJ y los órganos competentes para imponerlas, en función del tipo de éstas, se recogen en el artículo 421 LOPJ.

La exigencia de responsabilidad disciplinaria requiere de la tramitación del oportuno expediente administrativo sancionador –que caducará a los seis meses (SSTS Sala 3ª de 16 de diciembre de 2008 y 9 de febrero de 2009), llevada a cabo conforme a los principios y garantías que informan el proceso penal.

La **responsabilidad penal** se produce como consecuencia de la comisión de delitos por Jueces y Magistrados en el ejercicio de su cargo. Su regulación básica está contenida en los artículos 405 a 409 LOPJ.

La medida de suspensión, prevista en el artículo 383.1 LOPJ es una medida de prevención que, en el marco de sus funciones de gobierno judicial puede adoptar el CGPJ cuando se inicie contra un Juez o Magistrado una causa penal por delitos cometidos en el ejercicio de sus funciones. Esa iniciación será de apreciar con la mera admisión de la querella, pero sin que esto signifique ninguna imputación jurisdiccional. Dicha medida está dirigida a apartar provisionalmente de sus funciones al Juez o Magistrado cuando, en razón de la naturaleza del asunto a que esté referida la acción penal ejercitada y de la importancia de los intereses concernidos por dicho asunto, y aunque todavía no haya sido dictado un acto jurisdiccional de imputación, la continuidad en el ejercicio de la jurisdicción de ese Juez o Magistrado podría producir importantes daños al funcionamiento de la administración de justicia, o comprometer gravemente la imagen que ésta debe proyectar sobre los ciudadanos para que no se quiebre la confianza social en los tribunales que debe existir para que adquiera eficaz virtualidad el modelo constitucional de Estado de Derecho (STS Sala 3ª de 14 de octubre de 2009).

Por último, ha de hacerse referencia a la **responsabilidad civil**, suprimida por la reforma de la LOPJ en 2015 (LO 7/2015, de 21 de julio) que, en su preámbulo justifica tal supresión por ser "*escasísimamente utilizada en la práctica. Con ello se alinea la responsabilidad de los Jueces con la del resto de los empleados públicos y se da cumplimiento a las recomendaciones del Consejo de Europa en esta materia*". La equiparación se realiza mediante la eliminación del artículo 297 y del capítulo II del Título III LOPJ (411 a 413) y la modificación del artículo 296 LOPJ que pasa a tener la siguiente redacción:

"1. *Los daños y perjuicios causados por los Jueces y Magistrados en el ejercicio de sus funciones darán lugar, en su caso, a responsabilidad del Estado por error judicial o por funcionamiento anormal de la Administración de Justicia sin que, en ningún caso, puedan los perjudicados dirigirse directamente contra aquéllos.*

2. *Si los daños y perjuicios provinieren de dolo o culpa grave del Juez o Magistrado, la Administración General del Estado, una vez satisfecha la indemnización al perjudicado, podrá exigir, por vía administrativa a través del procedimiento reglamentariamente establecido, al Juez o Magistrado responsable el reembolso de lo pagado sin perjuicio de la responsabilidad disciplinaria en que éste pudiera incurrir, de acuerdo con lo dispuesto en esta Ley.*

El dolo o culpa grave del Juez o Magistrado se podrá reconocer en sentencia o en resolución dictada por el Consejo General del Poder Judicial conforme al procedimiento que éste determine. Para la exigencia de dicha responsabilidad se ponderarán, entre otros, los siguientes criterios: el resultado dañoso producido y la existencia o no de intencionalidad.".

4.4. Conflictos de jurisdicción, conflictos de competencia y cuestiones de competencia

4.4.1. Conflictos de jurisdicción

Los conflictos de jurisdicción, regulados en los artículos 42 a 50 LOPJ implican una colisión entre los Juzgados y Tribunales de cualquier orden jurisdiccional de la jurisdicción ordinaria y (a) la Administración, (b) los Tribunales de la jurisdicción militar.

Los conflictos de jurisdicción entre los Juzgados o Tribunales y la Administración serán resueltos por un órgano colegiado constituido por el Presidente del TS que lo presidirá, y por cinco vocales, de los que dos serán Magistrados de la Sala de lo Contencioso–Administrativo del Tribunal Supremo, designados por el Pleno del CGPJ, y los otros tres serán Consejeros Permanentes de Estado, actuando como Secretario el de Gobierno del TS (38 LOPJ).Los conflictos de jurisdicción entre los Juzgados o Tribunales de cualquier orden jurisdiccional de la jurisdicción ordinaria y los órganos judiciales militares, serán resueltos por la Sala de Conflictos de Jurisdicción, compuesta por el Presidente del TS, que la presidirá, dos Magistrados de la Sala del TS del orden jurisdiccional en conflicto y dos Magistrados de la Sala de lo Militar, todos ellos designados por el Pleno del CGPJ. Actuará como Secretario de esta Sala el de Gobierno del TS (39 LOPJ).

La LOCJ regula también los conflictos de jurisdicción entre los órganos de la jurisdicción contable y la Administración y los que surjan entre los primeros y los órganos de la jurisdicción militar, atribuyendo su resolución al Tribunal de Conflictos de Jurisdicción (38 LOPJ) y a la Sala de Conflictos de Jurisdicción (39 LOPJ), respectivamente.

El planteamiento, tramitación y decisión de los conflictos de jurisdicción se ajustará a lo dispuesto en la LOCJ.

4.4.2. Conflictos de competencia

Los conflictos de competencia que puedan producirse entre Juzgados o Tribunales de distinto orden jurisdiccional, integrados en el Poder Judicial, se resolverán por una Sala especial del Tribunal Supremo, presidida por el Presidente y compuesta por dos Magistrados, uno por cada orden jurisdiccional en conflicto, que serán designados anualmente por la Sala de Gobierno.

Los conflictos de competencia, tanto positivos como negativos, podrán ser promovidos de oficio o a instancia de parte o del Ministerio Fiscal, mientras el proceso no haya concluido por sentencia firme, salvo que el conflicto se refiera a la ejecución del fallo.

El orden jurisdiccional penal es siempre preferente. Ningún Juez o Tribunal podrá plantear conflicto de competencia a los órganos de dicho orden jurisdiccional.

4.4.3. Cuestiones de competencia

Las cuestiones de competencia, regulados en los artículos 51 y 52 LOPJ, entre Juzgados y Tribunales de un mismo orden jurisdiccional se resolverán por el órgano inmediato superior común.

No podrán suscitarse cuestiones de competencia entre Jueces y Tribunales subordinados entre sí. El Juez o Tribunal Superior fijará, en todo caso, y sin ulterior recurso, su propia competencia, oídas las partes y el Ministerio Fiscal por plazo común de diez días.

Tema 5. Personal no judicial, colaboradores y auxiliares

J. Carlos Gómez de Liaño Polo

5.1. Oficina Judicial

La Administración de Justicia está inmersa en un profundo cambio para adaptarse a los avances tecnológicos y a las necesidades que demanda el desarrollo social y económico de una sociedad avanzada. La oficina judicial se configura como una organización de carácter instrumental, cuyo único objetivo es asistir a jueces y magistrados en el ejercicio de la potestad jurisdiccional. Por eso, el modelo diseñado por la LO 19/2003, de 23 de diciembre; la Ley 13/2009, de 3 de noviembre, la LO 1/2009 de 3 de noviembre complementaria de la Ley de reforma de la legislación procesal para implantar la nueva Oficina judicial, estas Leyes Orgánicas, de modificación de la Ley Orgánica 6/1985, de 1 de julio, del Poder Judicial – línea que ha seguido el RDL 6/2023 que modifica fundamentalmente las leyes procesales– han apostado por un sistema flexible, que permita acomodar cada oficina judicial a las necesidades de la Administración de Justicia. En esta línea a seguido el Nuevo Modelo de Oficina Judicial parte de una ambiciosa reforma impulsada por la Ley Orgánica 1/2025, de 2 de enero, de Medidas en Materia de eficiencia del Servicio Público de Justicia, se modifica la numeración de la rúbrica del capítulo I del título I del libro V, que pasa a ser el capítulo II, modificándose los artículos 436 y siguientes. Su objetivo es mejorar la eficiencia, la accesibilidad, la transparencia y la calidad del servicio público de justicia, acercándolo a la ciudadanía con la creación de las Oficinas de Justicia en los Municipios, en lugares sin tribunal de instancia. Realizan trámites judiciales y administrativos sin necesidad de desplazamientos, facilitan la videoconferencia, la tramitación de justicia gratuita y el trabajo deslocalizado del personal judicial. Se reorganizan los juzgados unipersonales en Tribunales de Instancia, órganos colegiados que agrupan todos los juzgados de un partido judicial.

Se crean cinco modelos organizativos de oficina judicial adaptados al volumen de trabajo de cada jurisdicción. El personal y los recursos se ajustan a las necesidades reales de cada territorio.

Objetivos clave de la reforma son: A.– Justicia accesible: La reforma busca acercar el sistema judicial a la ciudadanía, especialmente en zonas rurales o con difícil acceso, garantizando una atención más directa y cercana. B.– Eficiencia organizativa: Se establece un nuevo modelo de gestión que mejora la coordinación, reduce los tiempos de espera y evita duplicidades en los procesos. C.– Personal especializado: Se refuerza la formación continua y la especialización del personal para adaptarse a los nuevos modelos organizativos y a las herramientas tecnológicas. D.– Transformación digital: La digitalización total del sistema judicial permite trámites más ágiles, automatización de tareas y mejor acceso a la información, facilitando la relación entre ciudadanía y justicia. Interoperabilidad y transparencia: La integración de los sistemas mejora la colaboración entre instituciones, reduce errores y garantiza mayor transparencia en el seguimiento de los casos.

El nuevo modelo organizativo que introduce la Oficina Judicial distingue claramente los tres tipos de actividad que se realizan en el ámbito de la Administración de Justicia:

- La jurisdiccional, que recae en jueces y magistrados.
- La procedimental, que corresponde a los letrados de la Administración de Justicia y a los servicios de apoyo y procesales.
- La administrativa, que recae en el Ministerio de Justicia o en las Comunidades Autónomas con competencias asumidas.

La Oficina Judicial es la encargada de prestar apoyo al Tribunal de Instancia. Su diseño será flexible y su dimensión y organización se determinará por la Administración Pública competente. Se establece:

1.– Servicio Común de Tramitación, con funciones para la ordenación del procedimiento

2.– Otros Servicios Comunes con funciones: de registro y reparto, de apoyo, actos de comunicación, auxilio judicial nacional e internacional., de ordenación de procesos de ejecución y de jurisdicción voluntaria.

3.– Servicios Comunes Procesales, con funciones distintas a las anteriores, para su creación se requiere informe favorable del CGPJ.

Por lo que respecta a la Oficina de Justicia en el Municipio para atender a las personas que necesiten o quieran acceder a ella, son unidades que, sin estar integradas en la estructura de la Oficina Judicial, se constituyen para la prestación de servicios a la ciudadanía de los respectivos municipios en los que no se constituya un Tribunal de Instancia. Con ellas se pretende renovar y optimizar los servicios actuales:

- Asistencia al juez/a de paz, actos de comunicación procesal y actuaciones del Registro Civil.
- Nuevos servicios:
- Videollamadas para evitar desplazamientos.

- Utilización de medios digitales para ciertos trámites y gestiones.
- Realización de trámites digitales con otras Administraciones.

5.2. Letrados de la Administración de Justicia (LAJ)

Los LAJ son funcionarios públicos que constituyen un Cuerpo Superior Jurídico, único, de carácter nacional, al servicio de la Administración de Justicia, dependiente del Ministerio de Justicia, y que ejercen sus funciones con el carácter de autoridad, ostentando la dirección de la Oficina judicial.

Los puestos de trabajo cuyo desempeño esté reservado al Cuerpo de Letrados de la Administración de Justicia, se clasifican en tres categorías, teniendo lugar el ingreso en el mismo por la tercera categoría.

El LAJ ha sido una de las piezas centrales de la reforma de la Oficina judicial, ya que no solo se ha potenciado su actividad en atención a su capacidad profesional y se le ha encomendado la tarea de coordinación con aquellas Administraciones públicas con competencias de Administración de Justicia.

La Ley dispensa a los LAJ un tratamiento diferenciado respecto al resto de la Oficina judicial debido tanto a sus conocimientos técnicos como a su carácter de autoridad.

Dada la importancia de sus funciones la LOPJ exige a los LAJ la formación de grado en Derecho para el ingreso en el Cuerpo, además de superar las pruebas selectivas –oposición libre, como sistema ordinario de ingreso y concurso-oposición libre, con carácter excepcional– y un curso teórico-práctico de carácter selectivo en el Centro de Estudios Jurídicos.

Se rigen en cuanto a sus derechos, individuales y colectivos, así como en cuanto a sus deberes, por lo dispuesto para los Cuerpos de Funcionarios al Servicio de la Administración de Justicia y otro personal de conformidad con lo dispuesto en el Libro VI de la LOPJ.

Se encontrarán sujetos con las mismas causas de incapacidad, incompatibilidad y prohibiciones que los jueces, excepto de la relativa pertenencia a partidos políticos.

Su régimen de jubilación ha sido, igualmente, asimilado al que rige para jueces y magistrados (445.1 LOPJ).

Su responsabilidad disciplinaria está regulada en los 468 y siguientes de la LOPJ. Estarán sujetos a las mismas incapacidades, incompatibilidades y prohibiciones con excepción de las previstas en el artículo 395 de la LOPJ.

La LOPJ, además de reconocer a los LAJ su carácter tradicional de depositarios de la fe pública judicial y de la potestad de documentación, les asigna la facultad de ordenación del trámite mediante diligencias o las propuestas de resolución de las providencias y de los autos.

Su tradicional función de fedatario público se ha fomentado hasta el punto de que se dispone que se ejercerá con exclusividad (453 LOPJ), desapareciendo toda posibilidad de delegación o habilitación de la misma, con lo que esta función se ha convertido en una garantía presencial. De modo que se establece que cuando se utilicen medios técnicos de grabación o reproducción las vistas se podrán desarrollar sin la intervención del LAJ, en los términos previstos en la Ley. En todo caso, éste garantizará la autenticidad e integridad de lo grabado o reproducido (453.1 LOPJ).

En la medida en que se halla al frente de la Oficina judicial, los LAJ tienen encomendada la significativa tarea de impulsar y ordenar el procedimiento, en todo aquello que no constituya en sentido estricto actividad jurisdiccional y, por consiguiente, no sea preceptiva la intervención del juez o magistrado.

A estos efectos podrá dictar las resoluciones que estime oportunas para la tramitación del procedimiento que no estén atribuidas a jueces o tribunales. Éstas se denominan diligencias y podrán ser de ordenación, de constancia, de comunicación o de ejecución. Las diligencias de ordenación podrán ser recurridas ante el juez o ponente, lo que excluye su revisión de oficio.

Se enuncia la posibilidad de que asuman, entre otras, competencias en materia de ejecución que no se hallen expresamente reservadas a jueces y magistrados; en materia de jurisdicción voluntaria conciliaciones y mediaciones, así como tramitar y, en su caso, resolver los procedimientos monitorios y cualquier otra expresamente prevista.

Corresponde a los LAJ la función de documentación. Y también la importante función de la guarda y depósito de la documentación y su archivo; la conservación de los bienes y objetos afectos a las actuaciones judiciales, debiendo responder del depósito de todas las cantidades o valores, y de las consignaciones o fianzas que se produzcan. También tienen encomendada la confección de la estadística judicial.

Por último y en correspondencia con la atribución de la jefatura de la oficina judicial, se le encomienda al LAJ la dirección técnico–procesal de todo el personal que trabaja en la misma, así como la función de dación de cuenta, que, en última instancia, evidencia que tanto el Cuerpo de LAJ como la Oficina se encuentran al servicio de la función jurisdiccional que llevan a cabo jueces y magistrados.

5.3. Funcionarios de la oficina judicial.

5.3.1. Cuestiones generales

En el Libro VI de la LOPJ se regula el estatuto jurídico de los cuerpos de funcionarios al servicio de la Administración de Justicia. A su lado, se establece el estatuto de otros cuerpos e instituciones que, aunque no pueden considerarse integrados en dicha oficina, prestan labores de auxilio para administrar justicia.

Todos ellos se integran en cuerpos nacionales, aun cuando las competencias sobre su estatuto y régimen jurídico no siempre corresponden al Ministerio de Justicia, sino que las tienen en su territorio las Comunidades Autónomas que hayan asumido competencias en esta materia.

La LOPJ distingue dos tipos de cuerpos funcionariales al servicio de la Administración de Justicia: los generales y los especiales, integrándose en la oficina judicial sólo los generales, es decir el cuerpo de gestión procesal y administrativa, el de tramitación procesal y administrativa y el de auxilio judicial. Estos cuerpos generales prestan servicios en los juzgados y tribunales, pero también podrán desempeñar funciones en el Consejo General del Poder Judicial, Tribunal Constitucional, Tribunal de Cuentas; Mutua General Judicial; Registro Civil Central y Registros civiles únicos, Fiscalías o adscripciones de Fiscalías, institutos de Medicina Legal y Ciencias Forenses e Instituto Nacional de Toxicología y Ciencias Forenses. En los Juzgados y Tribunales estarán bajo la dirección e inspección del Letrado de la AJ. Su régimen estatuario, en todo lo relativo a la adquisición y pérdida de la condición, situaciones administrativas, plantillas y provisión de vacantes, derechos, deberes e incompatibilidades, escalafón, así como el régimen disciplinario, vienen regulados en el mismo libro VI de la LOPJ, aunque este último se desarrolla por el Real Decreto 796/2005, de 1 de julio.

5.3.2. Cuerpo de Gestión Procesal y Administrativa.

El cuerpo de gestión procesal y administrativa ha venido a sustituir a los antiguos oficiales de la Administración de Justicia, tiene carácter nacional y se encuentra bajo la directa dependencia del Letrado de la AJ. Tienen atribuidas actuaciones procesales de nivel superior, así como otras funciones. Se les exige la titulación de Diplomado universitario, Ingeniero técnico, Arquitecto técnico o equivalente. Los funcionarios del Cuerpo de Gestión Procesal y Administrativa son funcionarios de carrera, y están vinculados a la Administración de Justicia en virtud de nombramiento legal, por una relación estatutaria de carácter permanente, para el desempeño de servicios retribuidos.

Funciones: Corresponde al Cuerpo de Gestión Procesal y Administrativa, colaborar en la actividad procesal de nivel superior, así como la realización de tareas procesales propias. En él se tramitan los procedimientos; se practican y firman las comparecencias de las partes sobre los asuntos que se sigan ante el órgano judicial, teniendo en estos casos capacidad de certificación de estos; se documentarán los embargos, lanzamientos y demás actos cuya naturaleza así lo exija y se extenderán las notas que tengan por objeto unir datos o elementos al procedimiento que no constituyan prueba.

5.3.3. Cuerpo de tramitación procesal y Administrativa.

El Cuerpo de tramitación procesal y administrativa en un cuerpo único de carácter nacional, que trabaja bajo la dependencia del LAJ o del funcionario correspondiente al cuerpo de gestión procesal y administrativa.

Funciones: Colaborar en el desarrollo general de la tramitación procesal, mediante el empleo de los medios mecánicos u ofimáticos que corresponda, para lo que elaborarán actas, documentos, diligencias, notificaciones, etc.

5.3.4. Cuerpo de Auxilio Judicial.

Los integrantes de este Cuerpo desempeñan con carácter general tareas de auxilio a la actividad de los órganos judiciales.

Funciones: actúan como policía judicial. Además, tienen funciones de ejecución de embargos, lanzamientos y demás actos cuya naturaleza exija su intervención.

5.4. El Ministerio Fiscal

5.4.1. Introducción

El Ministerio Fiscal es un órgano de relevancia constitucional y con personalidad jurídica propia integrado con autonomía funcional en el Poder Judicial, al que el artículo 124 CE, se refiere en los siguientes términos: "*tiene por misión promover la acción de la justicia en defensa de la legalidad, de los derechos de los ciudadanos y del interés público tutelado por la Ley, de oficio o a petición de los interesados, así como velar por la independencia de los Tribunales, y procurar ante estos la satisfacción del interés social.*"

Desde una dimensión objetiva su naturaleza sería pacífica: el MF es una parte imparcial que actúa para la defensa del interés público tutelado por la Ley en todo proceso en el que pudiera encontrarse comprometido. Desde una dimensión subjetiva su naturaleza no sería pacífica. De un lado la CE lo regula en el Título VII "Del Poder Judicial" y no en el Título IV referente al Gobierno y a la Administración y no se refiere a los actos administrativos, sino a actos procesales, por tanto, no puede afirmarse su dependencia con respecto al Poder Ejecutivo. Pero tampoco podría decirse que depende exclusivamente del Poder Judicial porque a pesar de que provoca la actividad jurisdiccional, no ejercita la protestad jurisdiccional, ni goza con plenitud de la independencia judicial. Por esto le está expresamente vedado que aporte, fuera de la detención, resoluciones limitativas de los derechos fundamentales (5.II EOMF).

La norma básica que regula el MF es el Estatuto Orgánico del Ministerio Fiscal, aprobado por la Ley 50/1981 de 30 de diciembre, modificado, entre otras, por la Ley 24/2007, de 9 de octubre, que refuerza su autonomía y moderniza su organización territorial. En el EOMF se contiene la regulación básica de las funciones, la organización, la estructura y principios, normas de actuación, formas de acceso y pérdida de la condición de Fiscal, los derechos y deberes de los Fiscales y el régimen disciplinario.

La LO 9/2021, de 1 de julio, contiene las normas de aplicación al ordenamiento español del Reglamento (UE) 2017/1939 del Consejo, de 12 de octubre de 2017, por el que se establece una cooperación reforzada para la creación de la **Fiscalía Europea**.

5.4.2. Principios

El MF es un órgano único para todo el Estado y sus miembros son autoridad a todos los efectos, actuando siempre en representación de toda la Institución. El ejercicio de sus funciones se realiza por medio de órganos propios conforme a los principios de unidad de actuación y dependencia jerárquica y con sujeción, en todo caso, a los de legalidad e imparcialidad.

5.4.2.1. Organización

El MF está sujeto al principio de **unidad**, conforme al cual, su personalidad jurídica es única, aunque esté integrado por un gran número de fiscales. En su cúspide se encuentra el Fiscal General del Estado, que será nombrado Rey (pudiendo ser revocado), a propuesta del Gobierno y oído el Consejo General del Poder Judicial (124.4 CE). Le corresponde dictar:

- Circulares. Contienen criterios generales de actuación e interpretación de normas. También marcan pautas para definir la estructura y funcionamiento de los órganos del MF.
- Instrucciones. Contienen disposiciones generales sobre actuación y organización en cuestiones más concretas y de menor entidad que las circulares.
- Consultas. En ellas se resuelven las cuestiones dudosas que cualquier Fiscalía puede plantear al FGE sobre interpretación de alguna norma.

Si un miembro de la Fiscalía estimara contraria la orden cursada por el FGE o por un superior jerárquico, puede plantear su discrepancia a la Junta de Fiscales, quien emitirá su informe, el cual podrá ser asumido o no por el superior jerárquico, cuya voluntad prevalece.

El principio de **dependencia** jerárquica es un complemento imprescindible del principio de unidad. Los fiscales actúan bajo las órdenes y la supervisión de sus superiores: los abogados fiscales y fiscales se encuentran sometidos a los mandatos e instrucciones que pueda impartir el Fiscal Jefe de la Audiencia Provincial, Audiencia Nacional, del Tribunal Superior de Justicia o del Fiscal de la Sala del Tribunal Supremo. Los Fiscales Jefes estarían sometidos a las órdenes inmediatas del Fiscal General del Estado, que es el que propone al Gobierno sus nombramientos y ascensos.

5.4.2.2. Actuación

Los principios de legalidad e imparcialidad son los que rigen la actuación del MF. Por el principio de legalidad, el MF actúa con sujeción a la Constitución, a las leyes y demás normas que integran el ordenamiento jurídico.

El principio de legalidad determina que el MF ha de actuar con sujeción a la Constitución, a las leyes y demás normas que integran el ordenamiento jurídico vigente, dictaminando, informando y ejercitando, en su caso, las acciones procedentes u oponiéndose a las indebidamente actuada en la medida y forma en que las leyes lo establezcan. En la practica el Ministerio Fiscal goza de gran autonomía e invocando este principio puede incluso retirar una acusación en un juicio oral, ya que ha de estar interesado en la condena del culpable como en la absolución del inocente. El principio de legalidad no se opone a la existencia de un principio de oportunidad reglada, para conciliar el principio de legalidad con la protección del interés público y los derechos de los ciudadanos (124.1 CE). El MF está legitimado para no iniciar un proceso penal bajo el previo cumplimiento de determinados presupuestos (la escasa lesión del delito y la puntual reparación de la víctima) o para instar incluso al sobreseimiento de un determinado proceso bajo condición de cumplimiento por el imputado de determinadas prestaciones inmediatas y/o futuras. Atendiendo así a fines como la pronta reparación de la víctima, la reinserción social del imputado o la lucha contra la criminalidad organizada y el terrorismo, y no tanto la aplicación del «*ius punidendi*» que es la facultad sancionadora del Estado.

Por el principio de imparcialidad el MF actuará con plena objetividad e independencia en defensa de los intereses que le estén encomendados conforme al EOMF. El MF es imparcial como es propio de una parte que defiende los intereses ajenos o bienes e intereses públicos socialmente relevantes. Es parte y no un órgano jurisdiccional, por ello, no puede ser recusado, aunque debe abstenerse por las mismas causas que rigen para jueces y magistrados.

5.4.3. Organización del MF

El MF está integrado por los siguientes órganos: el FGE, el Consejo Fiscal, la Junta de Fiscales de Sala, La Junta de Fiscales Superiores de las CCAA, la Fiscalía del TS, la Fiscalía ante el TC, la Fiscalía de la AN, las Fiscalías especiales, la Fiscalía del TCu, la Fiscalía Jurídico Militar, las Fiscalías de las CCAA, las Fiscalías Provinciales y las Fiscalías de Área (12 EOMF), entre las que destacan las Fiscalías especializadas para la prevención y represión del tráfico ilegal de drogas y para la represión de los delitos económicos relacionados con la corrupción y la criminalidad organizada.

El FGE es nombrado por el Rey a propuesta del gobierno, previa audiencia del CGPJ (124 LOPJ) y dirige la Fiscalía General, integrada por la Inspección Fiscal, la Secretaria Técnica, la Unidad de Apoyo y por los Fiscales de Sala (3.1 EOMF). La organización de las distintas fiscalías dispondrá de un Fiscal Jefe, un Teniente Fiscal y una pluralidad de Fiscales. Existe una sección de menores en la AN y en cada Fiscalía de los TSJ y AP, con las funciones que le encomienda la LORPM, secciones contra la violencia de la mujer y secciones de Medio Ambiente (para delitos relativos a la ordenación del territorio, la protección del patrimonio histórico, los recursos naturales y el medio ambiente, la protección de la flora, fauna y animales domésticos, y los incendios forestales).

El estatuto jurídico de los miembros del MF es muy similar al de Jueces y Magistrados. El ingreso en el Cuerpo de Fiscales se realiza mediante oposición libre y conjunta con los aspirantes a jueces, su régimen retributivo es idéntico, al igual que los requisitos de capacidad y las prohibiciones, incompatibilidades y situaciones administrativas.

Por lo que se refiere a las categorías, los Fiscales de Sala del TS están equiparados a los Magistrados del TS, los Fiscales a los Magistrados y los Abogados Fiscales a los Jueces (34 EOMF).

5.4.4. Funciones y facultades del MF

El MF asume un conjunto de funciones de muy variado contenido y naturaleza, prevista genéricamente en el artículo 124 CE y desarrolladas en el artículo 3 EOMF. Le corresponden las siguientes **funciones**:

- Funciones generales de defensa de la legalidad, en relación a la función jurisdiccional (1) y a la independencia de los jueces y tribunales (2), a las instituciones constitucionales y los derechos fundamentales (3), a la jurisdicción y competencia (8) y al auxilio judicial (15).

- Actuar en los procesos constitucionales (11 y 12) y ante el TCu (14).
- Intervenir en los procesos penales (4 y 5), proteger a las víctimas (10) y desarrollar las funciones específicas en el proceso penal de menores (13).
- Intervenir en los procesos sobre estado civil (6) y, en general, en todos aquellos en que estén en juego intereses públicos o sociales.

Para el ejercicio de sus funciones, el MF dispone de las siguientes **facultades** (4 EOMF):

- Acceder a la información relativa a cualquier proceso (uno), visitar centros de detención, penitenciarios o de internamiento y consultar cualquier expediente (dos).
- Requerir el auxilio de autoridades y agentes (tres)
- Dar órdenes e instrucciones a los funcionarios de la Policía Judicial (cuatro)
- Informar a la opinión publica (cinco)
- Establecer centros de atención a las víctimas (seis).

5.5. Cuerpos e institutos al servicio de la administración de justicia.

5.5.1. Los Médicos Forenses.

Los médicos forenses conforman un Cuerpo integrado por licenciados en Medicina, al servicio de la Administración de Justicia y a las inmediatas órdenes de los jueces, tribunales y fiscales sin perjuicio de su dependencia del Director del Instituto de Medicina Legal y Ciencias forenses correspondiente.

Desarrollan funciones de asistencia técnica a los órganos jurisdiccionales y a las Fiscalías, de asistencia o vigilancia facultativa a los detenidos, lesionados o enfermos que se encontraran bajo la jurisdicción de los jueces, tribunales o fiscales e intervienen en los nacimientos y defunciones, así como en la asistencia a los menores concernidos en los procedimientos que se siguen ante los Juzgados de Menores.

5.5.2. Otras Instituciones Periciales

5.5.2.1. <u>El Instituto Nacional de Toxicología y Ciencias Forenses.</u>

Es un órgano técnico que tiene como misión auxiliar a la Administración de Justicia y contribuir a la unidad de criterio científico, a la calidad de la pericia analítica y al desarrollo de las ciencias forenses. Está adscrito al Ministerio de Justicia y en el ejercicio de sus funciones técnicas tiene carácter independiente, emitiendo los informes de acuerdo con las reglas de investigación científica que corresponda a cada asunto.

Prestan servicios los facultativos cuyas funciones son emitir informes y dictámenes que les sean solicitados por los órganos jurisdiccionales y por los fiscales, así como prácticas los análisis e investigaciones toxicológicas que ordenen los médicos forenses.

5.5.2.2. Los Institutos de Medicina Legal y Ciencias Forenses.

Los institutos de Medicina Legal son centros que radican en aquellas capitales de provincia en las que tengan su sede un Tribunal Superior de Justicia, o alguna de sus Salas, y siempre que exista en dicha capital Facultad de Medicina Legal, del Ministerio de Justicia, o en su caso, de la Comunidad Autónoma afectada con competencias en la materia. Lo integran los médicos forenses que sean necesarios para cubrir las necesidades de todos los órganos judiciales de la demarcación correspondiente. También diplomados universitarios en Enfermería o ayudantes técnicos sanitarios seleccionados específicamente para estos centros.

5.5.2.3. Otros organismos.

Existen otros organismos que, sin estar concebidos como órganos permanentes al servicio de la Administración de Justicia, prestan auxilio a la función judicial en todos los casos en los que son requeridos como por ejemplo el Instituto Nacional de Medicina y Seguridad del trabajo y Asuntos Sociales y la Oficina de Interpretación de Lenguas.

5.6. La Policía Judicial

La Constitución dispone que la policía judicial depende de los jueces, de los tribunales y del Ministerio Fiscal en sus funciones de averiguación del delito y descubrimiento y aseguramiento del delincuente, en los términos que la ley establezca. La LOPJ reitera esta disposición, pero ambas olvidan otras actividades de auxilio y cooperación con la AJ tanto en los demás órdenes jurisdiccionales como en el propio orden penal.

Pueden estar constituidas por unidades orgánicas o adscritas. En las orgánicas, los funcionarios que las integran desempeñan estas funciones con exclusividad, sin perjuicio de que puedan realizar también otras misiones policiales cuando las circunstancias lo requieran. Estos funcionarios no podrán ser removidos o apartados de la investigación concreta que se les hubiese encomendado si no es por decisión o con autorización del juez o fiscal competente. Cuando las circunstancias lo exigieran se constituirán Unidades Adscritas de Policía Judicial, que formarán parte de las Unidades Orgánicas provinciales, en cuya estructura se incardinan y de cuyos medios materiales y humanos se surten. Las Unidades Adscritas tendrán su sede en las propias dependencias judiciales o fiscales y, si bien quedan asignadas a los respectivos Decanatos a los efectos de coordinación general, dependen directamente de cada órgano jurisdiccional y, de modo especial, del correspondiente Tribunal de instancia y Fiscal de Guardia. La LOPJ dispone que las funciones de esta naturaleza también las desempeñarán cuando se requieran, todos los miembros de las Fuerzas y Cuerpos de Seguridad, tanto si dependen del Gobierno como de las Comunidades Autónomas o de los Entes Locales, dentro de sus respectivas competencias.

Los funcionarios integrantes de las Unidades Orgánicas de Policía Judicial, podrán realizar diligencias de investigación por iniciativa propia previamente a la apertura de actuaciones judiciales, debiendo actuar entonces bajo la dependencia del Ministerio Fiscal, a quien deberán dar inmediata cuenta de tales investigaciones.

Tema 6. La acción

Agustín Jesús Pérez–Cruz Martín

6.1. Principales teorías en torno a la acción

Sin perjuicio de otras teorías que se han formulado históricamente en torno a la acción pasamos a exponer, por entender que cobran, hoy mayor relevancia, la teoría concreta de la acción y teoría abstracta de la acción.

6.1.1. La teoría concreta de la acción

La acción como derecho concreto, formulada, fundamentalmente, por WACH, siendo, posteriormente, seguida, entre otros, por HELLWING, GOLDSCHMIDT, CHIOVENDA, CALAMANDREI y GÓMEZ ORBANEJA, consiste en afirmar que la acción es un derecho subjetivo público (distinto del derecho subjetivo privado) a obtener, por parte de su titular, una tutela jurisdiccional favorable. Es decir, se trata de un derecho en el que debe concurrir para su existencia el interés y necesidad de tutela jurídica (no bastando la simple existencia de un derecho subjetivo lesionado). En consecuencia, tanto objetiva (su objeto es la tutela jurisdiccional en un determinado sentido) como subjetivamente (es un derecho subjetivo público porque se dirige contra el Estado) no coincide con el derecho subjetivo material. Completa WACH su teoría distinguiendo entre acción (se dirige frente al Estado que es el único que puede satisfacerla) y pretensión material (se dirige contra el sujeto pasivo del derecho subjetivo material).

Al autor citado, como defensor de la teoría concreta hay que añadir, entre otros, y con variantes, a GOLDSCHMIDT (considera a la acción como "... un derecho público subjetivo dirigido contra el Estado para obtener la tutela jurídica del mismo mediante una sentencia favorable"), CHIOVENDA (quien, encuadrando la acción entre los derechos potestativos, la definía como "el poder jurídico de dar vida, *porre in essere,* a la condición para la actuación de la voluntad de la Ley"), CALAMANDREI –para el cual no existía contradicción entre los términos de poder y derecho, rectamente entendidos, porque el segundo es una manifestación del primero–. En España, los principales defensores de la corriente comentada son GÓMEZ ORBANEJA –al considerar a la acción como "un derecho dirigido hacia el Estado", como "una facultad de obtener mediante un órgano del Estado y contra o frente al demandado, el acto de tutela jurídica"– y DE LA OLIVA SANTOS, entre otros.

Son muchas las observaciones críticas que se han dirigido a la tesis concreta sobre la acción, a saber: 1) Introduce una dualidad de derechos innecesarias (un derecho subjetivo material y un derecho subjetivo público a una sentencia de contenido concreto; 2) Incoercibilidad de ese derecho a la sentencia favorable (Moreno Catena); 3) Los actos procesales efectuados por las partes difícilmente pueden considerarse consecuencia del ejercicio del derecho de acción porque tal derecho no existe hasta que se dicte la sentencia y 4) Inaplicación de la tesis al proceso penal y a determinados procesos civiles, administrativos y laborales (Ortells Ramos).

6.1.2. La teoría abstracta de la acción

La teoría de la acción como derecho abstracto (formulada inicialmente por Degenkold y Plosz) se caracteriza por abstraer el derecho de acción de la razón o no que pueda asistir a la persona que lo ejercita. La acción se entiende como derecho de acceso a la justicia o a la actividad jurisdiccional, sin hacer depender su existencia del resultado. Los autores, anteriormente citados, coinciden en afirmar que el concepto de acción formulado, conforme a la tesis concreta, era muy impreciso, pues dejaba sin explicar los supuestos de desestimación, concluyendo que la acción es un derecho público a una decisión jurisdiccional, pero sin relación con el contenido.

El rechazo inicial a la teoría abstracta de la acción dio paso a una aceptación casi generalizada, fundamentalmente en Italia con Rocco (quien considera a la acción como un derecho subjetivo público frente al Estado, en orden a la actividad jurisdiccional de éste, para eliminar la incertidumbre del derecho), Carnelutti (quien afirma que la distinción entre el derecho subjetivo material y la acción ha costado siglos, pero al final de se ha logrado: el derecho subjetivo material tiene por contenido el prevalecimiento del interés en litigio y por sujeto pasivo a la otra parte, el derecho subjetivo procesal tiene por contenido el prevalecimiento del interés en la composición del litigio y por sujeto pasivo al Juez) o Zanzucchi (que considera a la acción, no propiamente como un derecho subjetivo, sino una potestad consistente en el poder de poner los presupuestos necesarios para el ejercicio, en el caso concreto, de la función jurisdiccional, que corresponde al ciudadano en cuanto tal y al Estado mismo en la persona de uno de sus órganos, el Ministerio público). En Iberoamérica, también se encuentran defensores de la teoría abstracta de la acción, pudiendo reseñarse, entre otros, a Couture (quien llegó a definir a la acción como el poder jurídico que tiene todo sujeto de derecho de acudir a los órganos jurisdiccionales para reclamarles la satisfacción de una pretensión) y Alsina (que considera a la acción como un derecho público subjetivo mediante el cual se requiere la intervención del órgano jurisdiccional para la protección de una pretensión jurídica.

Entre los autores españoles, cabe seguir observando los siguientes puntos de referencia: la acción como especie de derecho constitucional de petición (Fairén Guillén), la acción como derecho fundamental del ciudadano al proceso jurisdiccional (Morón Palomino) y la acción como derecho a la jurisdicción (ALMAGRO NOSETE, MONTERO AROCA, GIMENO SENDRA, entre otros).

En un intento de síntesis, entre la teoría abstracta y la concreta, LIEBMAN entiende que la acción es una relación subjetiva de poder que pone la condición para que el órgano del Estado se ponga en movimiento, y también MICHELI o ALLORIO (para quien es un "poder concreto ... sobre una sentencia favorable"). Dentro de las diversas posturas de síntesis PRIETO–CASTRO FERRÁNDIZ define a la acción como la "facultad de promover la incoación de un proceso encaminado a la tutela del orden jurídico, con referencia a un caso concreto, mediante la invocación de un derecho a un interés jurídicamente protegido, respecto de otra persona".

6.1.3. Concepto

Siguiendo básicamente las opiniones favorables a la teoría constitucional, debe partirse del presupuesto de que cualquier concepto de acción debe ser relativo, pues está condicionado por coordenadas histórico–temporales está íntimamente ligado al de jurisdicción, siendo realmente un derecho a la jurisdicción. Como éste último concepto, la existencia de la acción debe determinarse a partir de un momento determinado: desde la prohibición de la autotutela (entendida como satisfacción por el propio particular de los intereses que le reconoce el Derecho), consiguientemente el Estado adquiere el deber de impartir justicia que se convierte en monopolio: de este modo el Estado, a través de los órganos jurisdiccionales ejercita la función jurisdiccional en la forma jurídicamente regulada. A partir de tal premisa pueden trazarse una serie de notas que caracterizan el concepto fundamental que estamos analizando.

En primer lugar, se trata de un derecho subjetivo público, entendido como poder que corresponde a toda persona o grupo de personas de obligar al órgano jurisdiccional a un pronunciamiento sobre determinada petición. Los ciudadanos tienen, por tanto, un Derecho a la administración de justicia caracterizado por encuadrarse, en la clásica distinción de los derechos subjetivos de JELLINECK, en el status positivo o civitatis, según el cual una vez reconocida capacidad jurídica al ciudadano se le conceden pretensiones jurídicas positivas que tienen como contrapartida prestaciones del Estado en favor del individuo, es decir, en este caso, mediante el ejercicio de la acción necesariamente ha de surgir la obligación del Estado, a través de sus órganos jurisdiccionales y de las normas procesales legalmente establecidas, de admitir o desestimar la petición que se le dirija por medio de una resolución motivada, todo ello sin que haya que evidenciar la existencia de un interés o derecho, pues la legitimación es un requisito que afecta a la eficacia de la pretensión y no al derecho de acción

Además, es un derecho de naturaleza constitucional, como consecuencia directa de la prohibición de autodefenderse, salvo en las excepciones admitidas en las leyes. Por ello, para satisfacer los intereses socialmente reconocidos que le han sido desconocidos, negados o violados el ciudadano o grupo de ciudadanos debe poder defender su posición constitucional con la posibilidad de acceder a la tutela del Estado. En este sentido el monopolio en el ejercicio de la función jurisdiccional, como uno de los principios organizadores básicos del Estado, por tanto, con dimensión constitucional, se ve compensado con el propio reconocimiento constitucional del Derecho a la jurisdicción, y así se reconoce en la parte dogmática de los textos constitucionales contemporáneos. En España, este reconocimiento se opera a través del artículo 24 CE que eleva a la acción a rango de derecho fundamental, instaurándose, además, como mecanismo garantizador de ésta, una vía reforzada para su protección como es el recurso de amparo ante el Tribunal constitucional.

En cuanto al objeto de este derecho fundamental, lo constituye el ejercicio de la actividad jurisdiccional, es decir, de la actuación jurisdiccional del Estado, protegiendo el interés general mediante la satisfacción de los intereses socialmente reconocidos. Como se acaba de explicar, la acción es un derecho dirigido al Estado, que hace surgir la obligación para el órgano jurisdiccional de poner en marcha su actividad y de dar lugar a una resolución jurídicamente fundada.

En definitiva, hoy la doctrina mayoritaria en España parte de una posición abstracta acerca de la acción, en cuanto derecho a la administración de la Justicia por el Estado, derecho subjetivo de naturaleza pública que se encuentra constitucionalizado en nuestro ordenamiento jurídico y que supone la excitación por la parte –sin más requisitos que el general de capacidad, que incluso se excepciona en ocasiones (269 LECrim)–, para que la actividad jurisdiccional del Estado se desarrolle en la forma jurídicamente regulada, es decir, a través del proceso.

6.2. Clases de acciones

La tutela jurídico procesal que puede pretenderse no es siempre igual, y en función de las diferentes posibilidades la doctrina ha construido la distinción entre las acciones declarativas o de conocimiento, las ejecutivas y las cautelares (GÓMEZ DE LIAÑO GONZÁLEZ).

La acción declarativa, o más estrictamente, el ejercicio de la misma da origen a un proceso encaminado a obtener la mera declaración de existencia o inexistencia de una relación jurídica (meramente declarativas) o a obtener una prestación procedente de la contraparte (de condena) o a modificar una situación jurídica existente (constitutivas).

La acción ejecutiva abre un proceso dirigido a obtener la efectividad de un derecho previamente reconocido o declarado, en situaciones de incumplimiento voluntario del condenado previamente en sentencia.

La acción cautelar tiene como objetivo el aseguramiento de una ejecución futura, dando lugar a la apertura del proceso cautelar, cuya naturaleza jurídica es, doctrinalmente, discutible.

Igualmente distingue GÓMEZ DE LIAÑO GONZÁLEZ, en atención a los sujetos y al ámbito de aplicación, entre acción personal, acción pública, acción popular y acción colectiva.

La acción personal o individual es la que corresponde a toda persona física o jurídica capaz para la defensa de sus propios y particulares intereses.

La acción pública se concede a toda persona que demuestre un interés para su propia defensa en el terreno del Derecho público, en el de los intereses comunes, es decir, aquéllos en los que la satisfacción de un interés común, constituye la forma de satisfacer los de todos

La acción popular faculta al ciudadano para impugnar un acto lesivo para el interés general, no siendo preciso invocar la lesión de un derecho, ni un interés legitimado, aunque pueda existir. El alcance del adjetivo "público", dado por el artículo 101 LECrim, a la acción penal es interpretado de forma distinta por la doctrina, pues, mientras GÓMEZ DE LIAÑO GONZÁLEZ entiende que la acción penal no es pública sino popular, teniendo en cuenta a quien corresponde la titularidad de dicha acción, sin embargo, la tesis de GIMENO SENDRA, inspirado en este punto en la tesis de GÓMEZ ORBANEJA, es la consideración de la acción penal como pública en un doble sentido: por venir atribuida a todos los ciudadanos y por venir conferida simultáneamente a un órgano público.

En orden a si la titularidad de la acción popular exclusivamente puede afirmarse respecto de las personas físicas, o también respecto de las personas jurídicas, cabe afirmar que –tras el panorama dibujado por la doctrina constitucional (SSTC 311/2006, de 23 de octubre y 8/2008, de 21 de enero) y la legislación autonómica en materia de ejercicio de la acusación popular en los delitos de violencia sobre la mujer se da la paradoja de que no cabe el ejercicio de la acusación popular por las Administración públicas al amparo de la actual legislación estatal, y sí cabe, en cambio, con base en la legislación autonómica (JUAN SÁNCHEZ), lo que resulta especialmente llamativo en atención a la restrictiva limitación en el ejercicio de la acusación popular contemplada en la STS Sala 2ª de 17 de diciembre de 2007 –lo que ha sido considerado por GIMBERNAT ORDEIG, como una ruptura de la doctrina legal pronunciada hasta el momento, infringiendo una herida d muerte a la acción popular–, instándose su inmediata rectificación (DE LA OLIVA SANTOS).

La acción colectiva es la que correspondería a "grupos" y colectivos sin personalidad jurídica necesaria para la defensa de sus intereses. Acogida, por primera vez, en nuestro ordenamiento jurídico en el artículo 7 LOPJ, sin perjuicio de las alusiones contenidas en la CE (9.2, 43, 44, 45, 47, 51, 53.3), cabe, sin duda, una destacada novedad en la LEC es el reconocimiento de la capacidad para ser parte, a "los grupos de consumidores o usuarios afectados por un hecho daño– so cuando los individuos que lo compongan estén determinados o sean fácilmente determinables" (6.1.7º LEC), debiendo comparece en juicio por los aludidos grupos "las personas que, de hecho o en virtud de pactos de la entidad, actúen en su nombre frente a terceros" (7.7 LEC).

6.3. Acción y pretensión

Para finalizar el examen del concepto de acción como fundamental del Derecho Procesal, es necesario distinguirlo de la pretensión, otro concepto importante para el Derecho Procesal. Si se parte del derecho de acción como derecho abstracto, la pretensión podrá concebirse como acto concreto, en cambio si partimos de una consideración concreta de la acción queda difuminado el concepto de pretensión, así como el de legitimación.

La elaboración doctrinal en torno a la pretensión arranca del Derecho civil, concretamente de WINSCHEID, para el cual la pretensión constituye el aspecto activo de una relación jurídica obligacional: sustituyendo el término romano de *actio* por el de *anspruch* concibe concretamente a esta última como el derecho de exigir de otro, concepción que después se consagraría en el §194 BGB. De la misma forma el artículo 1088 CC, refiriéndose del mismo modo a la pretensión del acreedor, establece que "toda obligación consiste en dar, hacer o no hacer alguna cosa". Pero este pandectista alemán, aun poniendo de relieve el elemento de protección del derecho sitúa la pretensión en el ámbito del Derecho civil.

Entre la doctrina procesalista española fue GUASP DELGADO el que se dedicó a la construcción de un concepto de pretensión procesal. Considera que deben ser abandonadas las teorías sobre la acción, pues ésta se encuentra fuera del ámbito del Derecho procesal, sino en el Derecho político o en el civil, y debe ser sustituida por el concepto concreto de pretensión procesal, frente al abstracto de acción. Así, en su famosa obra La pretensión procesal, GUASP DELGADO, tras haber analizado la institución del proceso, afirma que "... todo proceso su– pone una pretensión, toda pretensión origina un proceso, ningún proceso puede ser mayor, menor o distinto que la correspondiente pretensión". Afirma que los conceptos de acción y demanda han tenido “secuestrado” el concepto de pretensión que debe ser depurado, delimitando el campo de actuación de cada uno de ellos. El derecho de acción es previo al proceso, por tanto, no puede constituir su objeto; tampoco la demanda puede serlo porque es un mero detalle del proceso, una particularidad: es el acto de iniciación del proceso. En realidad, todas las vicisitudes procesales giran en torno al elemento de la pretensión, entendida como “la reclamación que una parte dirige frente a otra y frente al juez”, lo cual constituye el elemento objetivo del proceso. Por tanto, el objeto del proceso no es un derecho sino un acto procesal: el acto de reclamación que el actor formula contra el demanda– do. Este acto sería la concreción del derecho extra o preprocesal de acción, operada mediante el ejercicio de ésta última. El objeto del proceso o pretensión procesal es, en definitiva, según este autor, una declaración de voluntad en la que se solicita una actuación del órgano jurisdiccional frente a persona determinada y distinta del autor de la declaración. Tal declaración consiste en una petición, en la que la voluntad exteriorizada agota su sentido en la solicitud dirigida a algún otro elemento ex– terno para la realización de un cierto contenido, es decir, una petición de un sujeto activo ante un órgano jurisdiccional frente a un sujeto pasivo sobre un bien de la visa.

El desarrollo de la diferenciación entre los conceptos de acción y de pretensión ha tenido lugar por obra de diversos autores, entre los que destaca FAIRÉN GUILLÉN y MONTERO AROCA. A partir de estas elaboraciones doctrinales se ha llegado a una serie de conclusiones: En primer lugar, la acción se considera como un derecho público subjetivo de naturaleza constitucional o política, mientras que la pretensión es un acto de declaración de voluntad petitoria. En segundo lugar, la acción, como derecho, corresponde a todas las personas y puede ser ejercitada por los que tengan capacidad de obrar, accionando en otro caso sus representantes, pero la pretensión sólo es eficaz si está fundada, reconocida por el ordenamiento jurídico y existe legitimación, es decir, exista una relación especial del sujeto con el objeto del proceso.

En tercer lugar, la acción es eficaz desde el primer momento, cuan– do se ponen en marcha los órganos jurisdiccionales; en cambio la pretensión sólo será eficaz cuando se resuelva sobre el fondo favorablemente a la petición del actor. En cuarto lugar, la acción se dirige contra el Estado, el cual debe satisfacer tal derecho por medio de los órganos jurisdiccionales que deberán resolver mediante una resolución fundada jurídicamente, en cambio la pretensión se dirige contra el demandado.

De todo ello se deduce la naturaleza claramente diversa de la acción y la pretensión: la acción como concepto, fundamental para el Derecho procesal, pero de carácter preprocesal, mientras que la pretensión es netamente procesal, entendida como objeto del proceso.

Tema 7. La tutela judicial efectiva

Agustín Jesús Pérez–Cruz Martín

7.1. Consideraciones previas

A finales de los años sesenta y a lo largo de la década de los setenta del s. XX, fundamentalmente, se consolidó, dentro de la dogmática española, una corriente de opinión favorable al reconocimiento constitucional del derecho a la jurisdicción (ALMAGRO NOSETE). Debe admitirse el mérito de los autores que defendieron la tesis indicada habida cuenta del insuficiente apoyo normativo.

La base normativa necesaria surge con la promulgación de la CE y, más concretamente, con el reconocimiento del derecho a la tutela judicial efectiva, que recoge su artículo 24.1º Se ha llegado a decir, con toda razón, que si existe un derecho–estrella en el firmamento jurídico– constitucional actual, ese correspondería al recogido en el artículo 24 CE y, en especial, a su párrafo primero.

El artículo 24.1º CE recoge un derecho fundamental, con precedentes históricos y encuadrado sistemáticamente en la Sección Primera, Capítulo Segundo, Título I (lo que supone que se le otorga una doble tutela, ordinaria y constitucional, como tendremos ocasión de exponer), que presenta una complejidad destacada por el propio TC (STC 26/1983, de 13 de abril); incluso no es equivocado considerar que nos encontramos ante una pluralidad de derechos (DE LA OLIVA SANTOS) en lugar de uno solo.

Aunque son varios los preceptos constitucionales que se refieren a la acción (53.2º, l24.1º, 125, 161.2º y 162 CE), el artículo 24.1º se ha convertido en el punto de referencia esencial en la construcción, tanto doctrinal como jurisprudencial, del derecho a la jurisdicción.

El artículo 24.1 CE se alinea con otros textos constitucionales europeos. La Constitución italiana, de 1947, fue pionera en este sentido, estableciendo, junto al derecho de acudir a los tribunales (24 Constitución italiana), un conjunto de garantías básicas en relación con el derecho de defensa, la protección de los desfavorecidos para acudir a los tribunales y la obligación de reparar los errores judiciales. Por su parte, el §19.4 de la Ley Fundamental de Bonn dispone que "toda persona cuyos derechos sean vulnerados por el poder públicos, podrá recurrir a la vía judicial". Dicho precepto ha sido objeto de una interpretación amplia, extendiéndolo a todo tipo de procedimientos, y no sólo cuando se trata de vulneraciones procedentes de los poderes públicos. Ante estas situaciones, se abre al particular la "vía jurídica"

(*Rechtsweg*) para proteger este derecho fundamental ante el TC a través del amparo (*Verfassungsbeschwerde*).

El derecho a la tutela judicial es el equivalente, en el Derecho anglosajón, a la obligación de respetar el *due process of law*, que también aparece contemplado en las Enmiendas VI y XIV de la Constitución de los Estados Unidos de América.

Partiendo, pues, del artículo 24.1º CE es desde donde estimamos puede, en la actualidad, afrontarse el estudio de la acción.

Sin embargo, es prioritario determinar previamente, el ámbito subjetivo y objetivo que se perfila en el artículo 24.1º CE Y, en este orden de cosas, podemos señalar que se consideran sujetos activos o titulares de este derecho constitucional a todas las personas, tanto sean personas físicas o jurídicas, nacionales o extranjeras. Así lo ratifica el TC, entre otras, en sus SS. 54/1983, de 22 de junio, 137/1985, de 17 de octubre, 64/1988, de 12 de abril, 100/1993, de 22 de marzo, 144/1993, de 29 de marzo, 34/1994, de 31 de enero, 211/1996, de 17 de diciembre.

La atribución de la titularidad del derecho a la tutela judicial efectiva, tanto a ciudadanos españoles, como extranjeros se deduce, no sólo del citado artículo 24.1º CE, sino también de los artículos 10 DUDH, 6.1 CEDH y 14.1 PIDCP y, por último, se ha reconocido, a nivel de legislación orgánica, expresamente en favor de los extranjeros en el 20 LO 4/2000, de 11 de enero, sobre derechos y libertades de los extranjeros en España y su integración social modificada por la LO 8/2000, de 22 de diciembre; LO 11/2003, de 29 de setiembre; LO 14/2003, de 20 de noviembre y LO 2/2009, de 11 de diciembre. De aquí se puede extraer uno de los caracteres del derecho a la jurisdicción: “el derecho a la jurisdicción cuyo sustrato jurídico material es el poder medial de defender los derechos, constituye, sin duda patrimonio del “*ius Gentium* ...” (ALMAGRO NOSETE). Jueces y Tribunales, por tanto, son los obligados a la prestación jurisdiccional.

En cuanto al ámbito objetivo del artículo 24.1º CE debe destacarse que viene remarcado por la expresión, contenida en el propio precepto, siguiente: “... *en el ejercicio de sus derechos e intereses legítimos*”. La textualidad de la norma constitucional ha sido invocada para fundamentar una visión apoyada en la teoría concreta sobre la acción. Según esa interpretación se entiende que sólo quien ejercita derechos o intereses legítimos puede obtener la tutela efectiva, con lo cual, la persona que al final del proceso ve desestimada su pretensión, o bien ha actuado sin derecho a la jurisdicción, o bien, tiene un derecho a la jurisdicción insatisfecho (DE LA OLIVA SANTOS, GONZÁLEZ MONTES).

Mayoritariamente, la doctrina ha puesto de relieve la defectuosa redacción del artículo 24.1º CE que ha propiciado la "ilusión" del reconocimiento de la teoría concreta (MORENO CATENA y ALMAGRO NOSETE). Ilusión que no ha sido confirmada, bajo ningún concepto, por el TC que desde el primer momento viene manteniendo, reiteradamente, que el derecho a la tutela judicial efectiva "*no comprende –obviamente– el de obtener una decisión judicial conforme a las pretensiones que se formulan, sino el derecho a que se dicte una resolución fundada en Derecho, siempre que se cumplan los requisitos procesales para ello*" (STC 9/1981, de 31 de marzo, ATC 185/1997, de 18 de febrero).

7.2. El derecho a la tutela judicial efectiva en la doctrina del TC

7.2.1. Derecho de acceso a la justicia

En un orden lógico y cronológico, su primer contenido será el libre acceso a la justicia –que presupone el concepto anterior de ésta (SSTC 115/1984, de 3 de diciembre; 65/1985, de 23 de mayo; 100/1988, de 7 de junio, 223/2001, de 5 de noviembre).

La CE reconoce de forma sumamente amplia el derecho de libre acceso a los tribunales ("todas las personas") –a lo que ya hemos tenido ocasión de referirnos–, configurándose así la acción como un derecho subjetivo público, constitucionalmente reconocido, cuyo objeto es poner en funcionamiento la actividad jurisdiccional (GIMENO SENDRA).

Tanto la DUDH (8) como el PIDCP (14) y el CEDH (6.1º) establecen el derecho de toda persona a que su causa sea oída equitativa, públicamente y dentro de un plazo razonable por un Tribunal que decidirá los litigios sobre sus derechos y obligaciones de carácter civil o el fundamento de cualquier acusación en materia penal dirigida contra ella. Son muchas las sentencias del TEDH que proclaman el derecho de acceso de los ciudadanos a los Tribunales de Justicia (SS. de 21 de enero de 1975 –caso Golder– y de 1 de julio de 1961 –caso Lawelss–), reconociendo la necesidad de protección del derecho de acceso a los tribunales, dentro de las garantías del derecho a un proceso equitativo.

El TC ha destacado reiteradamente que el acceso a la justicia, consistente en la promoción de una actividad jurisdiccional que desemboque en la decisión judicial sobre las pretensiones deducidas, forma parte del contenido primario del derecho a la tutela judicial efectiva del artículo 24.1 CE. Y dada la trascendencia que, para tal tutela judicial, tienen las decisiones de denegación de acceso a la jurisdicción, "*su control constitucional ha de realizarse de forma especialmente intensa, de modo que más allá de la verificación de que no se trata de resoluciones arbitrarias, manifiestamente irrazonables o fruto de un error patente, tal control procede a través de los criterios que proporciona el principio pro actione, entendido no como la forzosa selección de la interpretación más favorable a la admisión de entre todas las posibles de las normas que la regulan, sino como la interdicción de aquellas decisiones de inadmisión que por su rigorismo, por su formalismo excesivo o por cualquier otra razón revelen una clara desproporción entre los fines que aquellas causas preservan y los intereses que sacrifican*" (entre otras muchas, SS. TC 194/2015, de 21 de septiembre; 91/2016, de 9 de mayo, 362/2022, de 7 de marzo).

El derecho a la tutela judicial efectiva, pese a algunas posturas doctrinales que así lo defienden, ni es el objeto del derecho de acción, ni se consume, en el libre acceso a la justicia (Ortells Ramos), sino que comprende otra serie de derechos que pasamos seguidamente a exponer.

7.2.2. El derecho a una sentencia de fondo

El proceso habrá de concluir, normalmente, con una resolución de fondo fundada en derecho si concurren todos los requisitos procesales para ello (SSTC 32/1982, de 7 de junio; 55/1987, de 13 de mayo; 180/1988, de 11 de octubre; 119/2007, de 21 de mayo; 52/2009, de 23 de febrero; 125/2010, de 29 de noviembre; 231/2012, de 11 de enero), razonada y congruente con las peticiones de las partes (SSTC 177/1985, de 19 de diciembre; 206/1987, de 21 de diciembre; 51/1992 de 2 de abril). Pasemos a analizar cada uno de los condicionantes exigidos a la mencionada resolución de fondo, anteriormente mencionados.

Puede afirmarse que el TC extiende el derecho del artículo 24.1° CE hasta imponer a los tribunales ordinarios el deber de dictar una resolución razonada y fundada en Derecho sobre el fondo y, en el caso de no entrar en el fondo por no darse todos los presupuestos procesales o cumplirse los requisitos de forma exigidos, ésta se habrá de razonar o fundar en Derecho, pudiendo el TC discernir si la causa impeditiva afecta o no al contenido esencial del derecho (SSTC 64/1.983, de 21 de julio; 68/1983, de 26 de julio). Ha de precisarse que si bien las normas procesales, en la medida en que disciplinan la actividad de los sujetos que intervienen en el proceso, son normas que imponen el cumplimiento de exigencias formales para la validez y eficacia de los actos, sin embargo, no todos los requisitos previstos por la Ley pueden merecer idéntica consideración y su incumplimiento abocar al tribunal ordinario a no pronunciarse sobre el fondo: sólo cuando no concurra algún presupuesto procesal, o resulte incumplido alguno de los requisitos esenciales, podrá dictarse una resolución de inadmisión o desestimación por motivos formales (SSTC 17/1985, de 9 de febrero; 29/1989, de 6 de febrero; 134/1989, de 19 de julio). De aquí que el derecho a la tutela judicial obligue a elegir la interpretación de la Ley que sea más conforme con el principio pro–

actione y, por tanto, que "*las causas de inadmisión, en cuanto vienen a excluir el contenido normal del derecho, han de interpretarse en sentido restrictivo después de la CE*" (STC 126/1984, de 26 de diciembre).

El derecho a la tutela judicial efectiva exige la obtención de una resolución "fundada en derecho". Pero cuál es el alcance que ha de darse a esta expresión. Para la STC 62/1983, de 11 de julio, bastará con que la resolución sea simplemente motivada, quedando el razonamiento adecuado confiado al órgano jurisdiccional competente, y que la sentencia de inadmisión razonada jurídicamente satisface "normalmente" el derecho de tutela. Parece, pues, en principio que cualquier razonamiento jurídico es válido para conformar la tutela, y más si como señala la STC 9/1983, de 21 de febrero "*excluye que este Tribunal pueda constituirse en un órgano que analizando cada supuesto concreto planteado actúe como revisor de la decisión judicial aplicando el sistema de mera legalidad. Sólo en los supuestos excepcionales de que la decisión judicial pueda estimarse como no respetuosa con el contenido del 24.1º por arbitraria, por efectuar una valoración claramente impropia es cuando el Tribunal podrá entrar a conocer, mediante el recurso de amparo, la decisión por vulneración de dicho 24.1º*". De lo dicho, pues, cabe afirmar que la tutela judicial efectiva exige que las decisiones judiciales, no sólo estén motivadas, sino que dicha motivación sea conforme a derecho, ajustada a derecho (GÓMEZ DE LIAÑO GONZÁLEZ), pudiendo el TC, entrar a examinar la legalidad ordinaria aplicada por los Tribunales ordinarios en supuestos de decisiones judiciales arbitrarias o irrazonadas.

En relación con el requisito del razonamiento que ha de contener toda resolución judicial debe recordarse que ello supone una garantía esencial del justiciable mediante la cual se puede comprobar que la resolución dada al caso es consecuencia de una exigencia racional del ordenamiento y no fruto de la arbitrariedad (S.TC 49/1992, de 2 de abril). Por ello se considera que "*una sentencia que en nada explique la solución que proporciona a las cuestiones planteadas, sin que pueda inferirse tampoco cuáles sean las razones próximas o remotas que justifican aquélla, es una resolución judicial que no sólo viola la ley, sino que vulnera también el derecho a la tutela judicial consagrado en el 24.1º*" (STC 116/1986, de 8 de octubre).

Y, por último, respecto a la exigencia de congruencia que ha de existir entre la decisión judicial y las peticiones de las partes debemos recordar que se trata de una doctrina consolidada del TC en orden a que, a fin de evitar cualquier grado de indefensión, no se ha de producir un desajuste entre el fallo judicial y las pretensiones de las partes (SSTC 20/1982, de 5 de mayo; 15/1984, de 6 de febrero) pues una resolución judicial que altere de modo decisivo los términos en que se desarrolla la contienda, substrayendo a las partes el verdadero debate contradictorio propuesto por ellas, con merma de sus posibilidades y derecho de defensa y que ocasione un fallo o parte dispositiva no adecuado o ajustado sustancialmente a las recíprocas pretensiones de las partes, incurre en la vulneración del derecho a la congruencia amparado por el artículo 24.1º CE (SSTC 29/1987, de 6 de marzo; 211/1988, de 10 de noviembre). Por ello se ha reconocido, entre otras en las SSTC 142/1987, de 23 de julio y 244/1988, de 19 de diciembre, la dimensión constitucional de la incongruencia como denegación de la tutela judicial, cuando el órgano judicial omite la decisión sobre el objeto procesal, trazado entre la pretensión y su contestación o resistencia.

7.2.3. Derecho a la ejecución

La tutela judicial efectiva también extiende su eficacia a la fase de ejecución, pues resulta de todo punto insuficiente el simple dictado de la sentencia si ésta no se lleva a efecto de modo coactivo en los casos en que voluntariamente no se cumpla el pronunciamiento contenido en ella.

Por tal razón, el TC considera que el derecho fundamental a la tutela judicial efectiva comprende el derecho subjetivo a que se ejecuten las sentencias de los tribunales ordinarios, y objetivamente supone, a su vez, una pieza clave para la efectividad del Estado de Derecho. De aquí se sigue que el artículo 118 CE establezca la obligatoriedad de cumplir las sentencias y demás resoluciones firmes de los jueces y tribunales (SSTC 32/1982, de 7 de junio; 61/1984, de 16 de mayo; 159/1987, de 26 de octubre; 148/1989, de 21 de setiembre; 224/2004, de 29 de noviembre; 282/2006, de 9 de octubre; 20/2010, de 27 de abril). Si no fuera así las decisiones judiciales y el reconocimiento de los derechos que contuvieran se convertirían en meras declaraciones de intenciones (SSTC 26/1983, de 13 de abril; 167/1987, de 28 de octubre).

Con respecto a la Administración Pública, en varias ocasiones ha establecido el TC la doctrina de que "*el derecho a la ejecución de las sentencias y demás resoluciones firmes de los órganos jurisdiccionales no se satisface solo con la remoción inicial de los obstáculos que a su efectivo cumplimiento pueda oponer la Administración, sino que postula además, que los propios órganos judiciales reaccionen frente a ulteriores actuaciones o comportamientos enervantes del contenido material de sus decisiones, y lo hagan en el propio procedimiento incidental de ejecución al cual es aplicable el principio* «pro actione» *que inspira el 24,1º CE*" (STC 182/1987, de 28 de octubre). En supuestos en que pudieran estar en colisión el principio de seguridad jurídica, que obliga al cumplimiento de las sentencias, con el de legalidad presupuestaria, aquél tiene que prevalecer, pues de lo contrario se deja "*de hecho sin contenido un derecho que la CE reconoce y garantiza*" (STC 32/1982, de 7 de junio). Las medidas de ejecución no deben adoptarse "*con una tardanza excesiva e irrazonable*" (STC 1983, de 13 de abril) y "*si un Juez o Tribunal se aparta, sin causa justificada, de lo previsto en el fallo que debe ejecutarse ... estaría vulnerando el 24, 1º de la CE*" (STC de 15 de julio de 1987).

7.2.4. Derecho a un proceso con todas las garantías (proceso debido)

El artículo 24,1º CE no se ha limitado a constitucionalizar el derecho de acción como derecho a poner en funcionamiento la actividad jurisdiccional del Estado, sino que va más allá, abarcando el denominado derecho a un proceso debido (SSTC 13/1981, de 22 de abril; 65/1985, de 23 de mayo y 118/1989, de 3 de julio). El principio lo ha enunciado la CE señalando que la tutela otorgada por los Jueces y Tribunales ha de ser efectiva y reforzándolo con la prohibición de que en ningún caso se produzca indefensión.

La prohibición de la indefensión ofrece la vertiente negativa del derecho constitucional, que ahora estudiamos, con la que se trata de evidenciar la imposibilidad de que el proceso llegue a su fin a costa del derecho de defensa de las partes, bien entendido que "la indefensión no tiene nada que ver con el contenido favorable o adverso de la sentencia, sino con el camino seguido hasta llegar a ella" (RAMOS MÉNDEZ). En prevención de cualquier situación de indefensión, el TC ha apelado a los principios de igualdad de las partes, audiencia y contradicción, defensa letrada, producción de pruebas pertinentes y publicidad.

Efectivamente la indefensión adquiere relevancia constitucional cuando supone una privación o limitación del derecho de defensa contradictorio en juicio "*que si se produce por vía legislativa sobrepasa el límite del contenido esencial prevenido en el 53, y si se produce en virtud de concretos actos de los órganos jurisdiccionales entraña mengua del derecho de intervenir en el proceso en el que se ventilan intereses concernientes al sujeto, respecto de los cuales la sentencia debe suponer una modificación de una situación jurídica individualizada, así como el derecho de realizar los alegatos que estimen pertinentes para sostener ante el juez la situación que se crea preferible y de utilizar los medios de prueba para demostrar los hechos alegados y, en su caso y modo, utilizar los recursos contra las resoluciones judiciales*" (SSTC 48/1984, de 4 de abril; 70/1984, de 11 de junio; 96/1985, de 29 de julio).

La garantía del derecho al proceso debido posibilita al litigante para utilizar todos los mecanismos procesales que el legislador pone a su alcance durante toda la tramitación del proceso y, en particular, los recursos previstos en la Ley contra las resoluciones judiciales (SSTC 110/1985; 191/1988, de 17 de octubre; 265/1988, de 22 de diciembre), ello no impide que la tutela judicial se configure de una forma determinada, sino que admite múltiples posibilidades en la ordenación de los procesos y también de instancias y recursos, de acuerdo con la naturaleza de las pretensiones cuya satisfacción se inste y de las normas que las fundamenten; pero cuando el legislador ha establecido un cierto sistema de recursos, el artículo 24,1º CE comprende también el derecho de usar esos instrumentos procesales, debiendo interpretarse sus normas reguladoras del modo que más favorezca su admisión y sustanciación, pudiéndose cuestionar la legitimidad de los requisitos exigidos por la ley cuando no guarden proporción con las finalidades perseguidas o entrañen obstáculos excesivos (SSTC 163/1985, de 2 de diciembre; 106/1988, de 8 de junio; 95/1989, de 24 de mayo; 157/1.989, de 5 de octubre).

La adecuada preservación, por otra parte, del derecho de defensa y su plena efectividad exige, como preferente garantía, asegurar que los interesados tengan conocimiento de las actuaciones, lo que ha sido objeto de reiterados pronunciamientos del TC exigiendo el emplazamiento personal y la comunicación de actos procesales, habiendo consolidado un cuerpo doctrinal sobre el particular (SSTC 9/1981, de 31 de marzo; 156/1985, de 15 de noviembre; 205/1988, de 7 de noviembre; 211/1989, de 19 de diciembre). En este sentido, el TC ha reiterado que los Tribunales deben adoptar una actitud «pro actione» "*pues la tutela judicial efectiva que consagra el 24.1º supone el estricto cumplimiento por los órganos jurisdiccionales de los principios rectores del proceso explícitos o implícitos en el ordenamiento procesal*" (STC 157/1987, de 15 de octubre), "*de modo que esta garantía impone a la jurisdicción el deber específico de adoptar, más allá del cumplimiento rituario de las formalidades legales, todas las cautelas y garantías que resulten razonablemente adecuadas al aseguramiento de que esa facultad de conocimiento personal no se frustre por causas ajenas a la voluntad de aquel a quien se dirigen*" (STC 171/1987, de 3 de noviembre).

Concluiremos este apartado reparando en la necesidad de que la mencionada resolución judicial deba obtenerse en un plazo razonable (por definición, debe ser el señalado por los códigos procesales, recogiéndose expresamente esta exigencia al proclamarse el derecho a un proceso sin dilaciones indebidas –24.2º CE–) y con un coste económico soportable, de tal manera que su resultado sea rentable (lo que debe incidir tanto en la aplicación de los criterios sobre la imposición de costas, como, en su caso, en el otorgamiento del derecho a la justicia gratuita).

El derecho fundamental a un "proceso sin dilaciones indebidas", consagrado en el artículo 24.2 CE y, en análogo sentido, en el artículo 14.3 c) del PIDCP, que proclama el derecho de toda persona acusada de un delito "a ser juzgada sin dilaciones indebidas", y en el artículo 6.1 del CEDH, en el que se reconoce que "*toda persona tiene derecho a que su causa sea oída*

(...) *dentro de un plazo razonable*"; más aún, según reconoce la jurisprudencia constitucional, la lesión del derecho fundamental a un proceso sin dilaciones indebidas reconocida por los Tribunales ordinarios o por el TC podría servir de título para acreditar el funcionamiento anormal de la Administración de Justicia en el que fundar una reparación indemnizatoria, que deberá hacerse valer mediante el ejercicio de las acciones oportunas y a través de las vías procedimentales o procesales pertinentes (SSTC 36/1984, de 14 de marzo; 128/1989, de 17 de julio; 35/1994, de 31 de enero; 41/1996, de 12 de marzo; 33/1997, de 24 de febrero; 53/1997, de 17 de marzo, entre otras).

Siguiendo la doctrina sentada por el TEDH (SS de 10 de marzo de 1980 –asunto König–; de 6 de mayo de 1981 –asunto Buchhloz–; de 15 de julio de 1982 –asunto Eckle–; de 10 de diciembre de 1982 –asunto Foti y otros–; de 10 de diciembre de 1982 –asunto Corigliano–; de 8 de diciembre de 1983 –asunto Pretto–; de 13 de julio de 1983 –asunto Zimmermann–Steiner–; de 23 de abril de 1987 –asunto Lechner y Hess–; de 25 de junio de 1987 –asunto Capuano–; de 25 de junio de 1987 –asunto Baggetta–; de 25 de junio de 1987 –asunto Milasi–; de 7 de julio de 1989 –asunto Sanders–; de 23 de octubre de 1990 –asunto Moreiras de Azevedo–; de 20 de febrero de 1881 –asunto Vernillo–, entre otras), el TC estima que la noción de dilación procesal indebida remite a un "*concepto jurídico indeterminado, cuyo contenido concreto debe ser obtenido mediante la aplicación a las circunstancias específicas de cada caso de los criterios objetivos que sean congruentes con su enunciado genérico*". Es por ello que "*no toda infracción de los plazos procesales constituye un supuesto de dilación procesal indebida*"; el retraso injustificado en la tramitación de los procesos no se produce necesariamente por el simple incumplimiento de las normas sobre plazos procesales (se refieran éstas a un acto procesal concreto o al conjunto de los que integran el proceso en su totalidad), sino por el hecho de que la pretensión actuada no se resuelva definitivamente en un plazo procesal razonable. Y, determinar en cada caso si ha sido cumplida o no esta exigencia y, por tanto, si se ha producido o no una dilación procesal indebida dependerá del resultado que se obtenga de la aplicación a las particulares condiciones del concreto supuesto de factores objetivos definidores del plazo procesal razonable, considerando como tales "*la complejidad del litigio, los márgenes ordinarios de duración de los litigios del mismo tipo, el interés que en aquél arriesga el demandante de amparo, su conducta procesal y la conducta de las autoridades*" (SSTC 36/1984, de 14 de marzo; 5/1985, de 23 de enero; 223/1988, de 25 de noviembre; 28/1989, de 6 de febrero; 81/1989, de 8 de mayo; 215/1992, de 1 de diciembre; 69/1993, de 1 de marzo; 179/1993, de 31 de mayo; 197/1993, de 14 de junio; 313/1993, de 25 de octubre; 324/1994, de 1 de diciembre; 144/1995, de 3 de octubre; 58/1996, de 12 de abril; 180/1996, de 12 de noviembre; 10/1997, de 14 de enero; 178/2007, de 23 de julio; 220/2004, de 29 de noviembre; 63/2005; de 14 de marzo; 38/2008, de 25 de febrero, 5/2010, de 7 de abril, entre otras).

a) En primer lugar, habrá de valorarse si la **complejidad del litigio**, en sus hechos o fundamentos de Derecho, no justifica un tratamiento del objeto procesal especialmente dilatado en el tiempo.

b) En segundo lugar, deberán tomarse en consideración **los márgenes ordinarios de duración de los litigios del mismo tipo**. Como afirma el TC, "*se trata de un criterio relevante en orden a valorar la existencia de un supuesto de dilaciones indebidas, cuya apreciación, siempre que no se utilice para justificar situaciones anómalas de demoras generalizadas en la prestación de la tutela judicial, es inobjetable*" por cuanto "*ha de protegerse la expectativa de toda parte en el proceso relativa a que su litigio se resuelva, conforme a la secuencia de trámites procesales establecida, dentro del margen temporal que, para ese tipo de asuntos, venga siendo el ordinario*" (SSTC 223/1988, de 25 de noviembre; 180/1996, de 12 de noviembre, entre otras). No se trata, sin embargo, de valorar lo que, en un primer momento, la jurisprudencia constitucional denominó «standard» de actuación y rendimientos normales del servicio de justicia (S.TC 5/1985, de 23 de enero), sino lo que finalmente se define como el «canon» del propio proceso, es decir, las pautas y márgenes ordinarios en los tipos de litigio de que se trata, pero derivados de la naturaleza concreta de cada proceso y no del rendimiento "normal" de la jurisdicción (SSTC 36/1984, de 14 de marzo; 223/1988, de 25 de noviembre; 81/1989, de 8 de mayo; 10/1991, de 17 de enero, entre otras). Así debe ser, toda vez que la Administración de Justicia está obligada a garantizar la tutela jurisdiccional con la rapidez que permita la duración normal de los procesos "*aun cuando .../... la dilación se deba a carencias estructurales de la organización judicial, pues no es posible restringir el alcance y contenido de este derecho, dado el lugar que la recta y eficaz Administración de Justicia ocupa en una sociedad democrática*" (SSTC 36/1984, de 14 de marzo; 223/1988, de 25 de noviembre; 50/1989, de 21 de febrero; 81/1989, de 8 de mayo; 35/1994, de 31 de enero; 10/1997, de 14 de enero, entre otras); en particular, "*la consideración de los medios disponibles*" o "*el abrumador volumen de trabajo que pesa sobre determinados órganos judiciales .../... puede exculpar a Jueces y Magistrados de toda responsabilidad personal por los retrasos con que las decisiones se producen, pero no priva a los ciudadanos de reaccionar frente a tales retrasos, ni permite considerarlos inexistentes*" (SSTC 36/1984, de 14 de marzo; 5/1985, de 23 de enero; 85/1990, de 5 de mayo; 139/1990, de 17 de septiembre; 10/1991, de 17 de enero; 37/1991, de 14 de febrero; 73/1992, de 13 de mayo; 324/1994, de 1 de diciembre; 53/1997, de 17 de marzo, entre otras)

c) En tercer lugar, tendrá que ponderarse **el interés que en el litigio arriesga el demandante de amparo**. Según el TC, "*la distinción de los derechos e intereses que se cuestionan en un pro– ceso y aun la distinta significación de los que, estando atribuidos a un mismo orden jurisdiccional, permitan una distinta naturaleza y la misma jerarquización presente en el Título I de la Constitución, llevan a que no puedan ser trasladables en su misma literalidad las pautas elaboradas respecto de procesos en materia penal a los procesos en que la materia es otra y, desde luego no lo es, a los procesos en que la materia es patrimonial*" (STC 5/1985, de 23 de enero); en particular, aunque el derecho a un proceso sin dilaciones indebidas es invocable en cualquier tipo de litigios y ante cualquier clase de Tribunales (SSTC 18/1983, de 14 de marzo; 47/1987, de 22 de abril; 149/1987, de 30 de septiembre; 81/1989, de 8 de mayo, entre otras), en el proceso penal, al hallarse comprometido el derecho a la libertad, el celo del juzgador ha de ser siempre superior a fin de evitar toda dilación procesal indebida (SSTC 8/1990, de 18 de enero; 10/1997, de 14 de enero, entre otras).

d) En cuarto lugar habrá de tomarse en cuenta la **conducta procesal del actor**; esto es, si éste ha cumplido diligentemente con sus obligaciones, deberes y cargas procesales o si, por el contrario, ha mantenido una conducta dolosa, propiciando, mediante el planteamiento de improcedentes cuestiones incidentales, de recursos abusivos, o provocando injustificadas suspensiones del juicio oral, una tardanza anormal en la tramitación del proceso.

e) Y, en quinto lugar, deberá examinarse la **conducta de las autoridades**, asumiendo como criterio general que, ante cualquier eventualidad, el órgano judicial debe desplegar la actividad necesaria para evitar un retraso injustificado en la tramitación del proceso. A este respecto ha de admitirse que las dilaciones procesales indebidas pueden producirse tanto cuando el tiempo invertido en resolver definitivamente un litigio supera lo razonable, como cuando existe una paralización del procedimiento que, por su excesiva duración, carezca igualmente de justificación y suponga ya, por sí, una alteración del curso del proceso (SSTC 133/1988, de 4 de julio; 7/1995, de 10 de enero; 144/1995, de 3 de octubre; 180/1996, de 10 de noviembre, entre otras). En cualquier caso ha de reconocerse que las dilaciones procesales indebidas pueden traer causa tanto dc la inactividad omisiva de los órganos jurisdiccionales propiamente dicha, como de actuaciones positivas de los Jueces y Tribunales; por ejemplo, la suspensión de un juicio (STC 116/1983, de 7 de diciembre), la admisión de una prueba (STC 17/1984, de 7 de febrero), la solicitud de nombramiento de abogado de oficio (STC 216/1988, de 14 de noviembre) o la reapertura de la instrucción (STC 324/1994, de 1 de diciembre) pueden producir un efecto procesal dilatorio indebido tan relevante como la típica ausencia de la obligada actuación judicial.

El TC precisa, en negativo, que el derecho a un proceso sin dilaciones indebidas no es el derecho al riguroso cumplimiento de los plazos procesales, por lo que no todo incumplimiento de los plazos procesales o la excesiva tardanza en la tramitación de las actuaciones suponga automáticamente su vulneración (SSTC 153/2005, de 6 de junio; 142/2010, de 21 de diciembre; 125/2022, de 10 de octubre). Es obligado atender a la dimensión temporal de cada proceso y a su razonabilidad.

El derecho a un proceso sin dilaciones indebidas se consideró en un primer momento por el TC como una manifestación del también fundamental derecho a la tutela judicial efectiva sancionado en el artículo 24.1º CE ya que éste no podía entenderse desligado del tiempo en que la misma debía prestarse (SSTC 24/1981, de 14 de julio y 18/1983, de 14 de marzo, entre otros muchas), llegando incluso a sostener que una vez dictada la resolución la pretensión del recurrente en amparo había quedado sin contenido, restableciéndose el derecho que se estimaba vulnerado al obtener una resolución fundada en derecho (ATC 273/1984, de 9 de mayo).

Posteriormente el TC ha pretendido dar sustantividad propia a este derecho, tratando de considerarlo como un derecho autónomo e intentando diferenciarlo del de tutela; los primeros pasos se dan en las SSTC 36/1984, de 14 de marzo y 61/1984, de 16 de mayo y va consolidándose, con alguna excepción, en las SSTC 5/1985, de 23 de enero; 155/1985, de 12 de noviembre; 132/1988, de 4 de julio; 28/1989, de 6 de junio, entre otras.

La mencionada autonomía se constata en que el derecho a un proceso sin dilaciones indebidas puede ser objeto de consideración y valoración independiente, ya que la obtención de una resolución fundada, fáctica y jurídicamente, puede satisfacer el derecho de tutela, pero si se obtiene tardíamente habiendo incurrido el órgano en dilaciones indebidas, éste derecho (a un proceso sin dilaciones indebidas) puede resultar violado y sólo mediante vías reparatorias sustitutivas puede darse alguna satisfacción al recurrente al constituir su vulneración un supuesto de funcionamiento anormal sancionado en el artículo 121 CE (SSTC 5/1985, de 23 de enero; 223/1988, de 24 de noviembre; 50/1989, de 21 de febrero; 85/1990, de 5 de mayo; 10/1991, de 17 de enero; 69/1993, de 1 de marzo) a pesar de que el TC alegue, con carácter general, que este aspecto indemnizatorio no es invocable, ni mucho menos cuantificable en amparo.

Es interesante destacar como, a partir de 1988, el TC atribuye a este derecho fundamental un claro contenido prestacional tratando de involucrar a todos los poderes públicos en la realización efectiva del mismo (SSTC 223/1988, de 24 de noviembre; 45/1990, de 15 de marzo; 35/1994, de 31 de enero, entre otras).

Por proceso sin dilaciones indebidas, dice el TC hay que entender aquel que se desenvuelve en condiciones de normalidad y en el que los intereses litigiosos reciben pronta satisfacción (SSTC 43/1985, de 22 de marzo; 133/1988, de 4 de julio, entre otras); este derecho ha venido considerándose por el TC como un concepto jurídico indeterminado (STC 5/1985, de 23 de enero) que ha de precisarse en cada caso concreto atendiendo a una serie de criterios afirmados por la jurisprudencia del TEDH, al interpretar el Convenio, tales como: la complejidad del litigio, el comportamiento del recurrente, el comportamiento de las autoridades nacionales, o el de las eventuales consecuencias, derivadas de la mora, para la persona que denuncia el retraso.

El TEDH, en un conjunto de resoluciones, ha ido delimitando los contornos de esta cuestión. Entre las mencionadas resoluciones es necesario mencionar las dictadas en los casos Ringeisen (de 16 de julio de 1971), Köning (S. de 28 de junio de 1978), Eckle (S. de 15 de julio de 1982), Corigliano (S. de 10 de diciembre de 1982), Foti (S. de 10 de diciembre de 1982), Zimmermann y Steiner (S. de 13 de julio de 1983), Pretto (S. de 8 de diciembre de 1983), Guincho (S. de 10 de julio de 1984), Vallon (S. de 3 de junio de 1985), Unión Alimentaria Sanders (S. de 7 de julio de 1989), Vernillo (S. de 20 de febrero de 1991), Publiese (S. de 19 de febrero de 1991), Ridi (S. de 27 de febrero de 1992), Monnet (S. de 27 de octubre de 1993), Hokkanen (S. de 23 de setiembre de 1994), Paccione (S. de 27 de abril de 1995), Mansur (S. de 8 de junio de 1995), Ruiz–Villar (S. de 20 de diciembre de 2016).

Criterios que, en caso de la duración de la prisión provisional, se combinan con los de: constatación del peligro de fuga, peligro de reiteración en la comisión de infracción, peligro de desaparición de pruebas (SSTEDH de 27 de junio de 1968 –caso Wemhoff–; de 10 de noviembre de 1969 –caso Stögmuller–; de 27 de junio de 1969 –caso Neumis– ter; de 3 de junio de 1985 –caso Vallon–, entre otros).

Los criterios inicialmente enumerados son aderezados por el TC con el de duración media de los procesos del mismo tipo o *standard* medio admisible para proscribir las dilaciones más allá de él; criterio más que dudoso acogido por una abundante jurisprudencia del TC (entre ellas SSTC 5/1985, de 23 de enero; 43/1985, de 22 de marzo; 133/1988, de 4 de julio; 223/1988, de 24 de noviembre; 45/1990, de 15 de marzo; 206/1991, de 30 de octubre; 73/1992, de 13 de mayo; 150/1993, de 3 de mayo; 2/1994, de 17 de enero; 39/1995, de 13 de febrero), frente a la que se alzó el voto reservado del Magistrado Tomás y Valiente a la STC 5/1985, de 23 de enero, tratando de impedir que se convirtiera en normal lo anormal.

Todos estos criterios habrá de barajarlos el Tribunal para comprobar, caso por caso, si la inobservancia de los plazos legalmente fijados es o no indebida, ya que el incumplimiento de los plazos legales no es en sí mismo una dilación indebida.

Hemos de disentir, lo que acaba de exponerse, ya que parece ignorar algo que entiendo fundamental: el plazo legal, es decir, ese espacio temporal que el legislador ha establecido como plazo justo para la realización de los actos procesales; y el caso es que se apoya en él como punto de partida para sus razonamientos, pero lo olvida a la hora de determinar el carácter de dilación.

Este olvido trae causa de la posición mimética que adopta respecto de la doctrina elaborada por el TEDH al interpretar el concepto de plazo razonable del artículo 6.1º CEDH, doctrina que se establece al margen de la realidad normativa del país demandado, y que si puede estar justificado respecto del TEDH ya que su función es establecer unos mínimos exigibles a un derecho humano que el Convenio reconoce a los justiciables de una pluralidad de países tan heterogéneos en sus realidades normativa como Turquía y Alemania, por poner un ejemplo, la misma justificación es difícil de aplicar al TC español, que tiene como referencia directa un ordenamiento procesal con mandatos específicos respecto de este requisito temporal.

El desinterés por el plazo legal se evidencia, como hemos apuntado antes, en el establecimiento de un criterio propio: el estándar medio admisible extraído de lo que habitualmente dura un proceso del mismo tipo, al margen del tiempo legalmente fijado para la realización de las actuaciones procesales, como dando a entender la inadecuación de los plazos legales para conseguir la eficacia temporal del proceso, afirmando expresamente que la CE no otorga un derecho a que los plazos se cumplan (SSTC 5/1985, de 23 de enero; 223/1988, de 24 de noviembre; 313/1993, de 25 de octubre), y a pesar de que se intente precisar la expresión, produce desencanto pues de alguna manera la Constitución no garantiza el cumplimiento del ordenamiento jurídico.

Si nuestro TC ha constatado que los plazos fijados legalmente son de imposible cumplimiento pudiendo vulnerar el derecho al debido proceso, debería propugnar su cambio y adaptación a la CE, procurando adecuar el tiempo procesal al real; mientras esto no se haga debe presumirse la constitucionalidad de las normas procesales en materia de plazos y debe exigirse su cumplimiento al órgano jurisdiccional, instando de los poderes públicos la infraestructura humana y de material necesaria para su efectivo cumplimiento (STC 45/1990, de 15 de marzo).

Volver la espalda al plazo legal es poner el peligro el principio de legalidad y con él la seguridad jurídica. Por ello quizás el razonamiento debería hacerse al contrario, es decir, habría que partir de que todo exceso temporal del plazo legalmente establecido es una dilación no debida; existen, sin embargo, determinadas circunstancias excepcionales, que deben probarse, en las que el exceso temporal viene exigido por la eficacia del proceso transformándose así lo indebido en no sancionable y ello porque el derecho a un proceso sin dilaciones indebidas no es un derecho absoluto y por ello puede legalmente limitarse, siempre que dicha limitación no afecte a su núcleo esencial; el principio de proporcionalidad será un test de ineludible observancia para determinar la constitucionalidad de la posible limitación.

Especial mención ha de hacerse al tema de las dilaciones indebidas en el proceso penal por la relevancia del mencionado derecho en dicho tipo de proceso dada la relación inesperable de los conceptos de delito, penal y proceso. En ocasiones el TC ha llegado a valorar la dilación procesal como circunstancia atenuante, en razón a que la excesiva duración del proceso debe imputarse como pena en sí mismo por el sufrimiento que supone para el acusado.

7.2.5. Derecho a la tutela cautelar

En orden a la cuestión relativa a la existencia o no de un derecho a la tutela cautelar cabe precisar que si bien algunos autores (CARRERAS LLANSANA y GUTIÉRREZ DE CABIEDES Y FERNÁNDEZ HEREDIA) plantearon, en 1962 y 1974, respectivamente, si las medidas cautelares se corresponden o no con un derecho subjetivo sustancial a la cautela, derecho que, en su caso, comportaría una sanción correlativa; posteriormente, la doctrina mayoritaria afirma la existencia del derecho a la tutela cautelar (ALMAGRO NOSETE y TOMÉ PAULE); ORTELLS RAMOS sostiene la integración en el derecho a la tutela judicial efectiva el derecho a una tutela judicial cautelar; PEDRAZ PENALVA sostiene la existencia de un derecho fundamental a la tutela cautelar si bien como integrante del derecho a un proceso con todas las garantías (24.2 CE), rechazando su ubicación sistemática en el derecho a la tutela judicial efectiva (24.1 CE). La dimensión constitucional de las medidas cautelares es puesta de manifiesto por otros autores (BARONA VILAR, VALLESPÍN PÉREZ). Por último, una corriente doctrinal minoritaria se muestra crítica con la idea de un “derecho a la tutela cautelar” desde el punto de vista de la teoría general y desde el punto de vista constitucional (SERRA DOMÍNGUEZ, FERNÁNDEZ–BALLESTEROS LÓPEZ).

Se ha incluido en el contenido del derecho fundamental a la tutela efectiva el derecho a la tutela cautelar, en virtud de una corriente iniciada por el ATS Sala 3ª de 20 de diciembre de 1990 por influencia directa de la jurisprudencia comunitaria (SSTJUE de 19 de junio de 1990, caso

Factortame; de 21 de febrero de 1991, caso Zuckerfabrik; de 9 de octubre de 1995, caso Atlanta). En la línea apuntada por las citadas sentencias, el TSJ del País Vasco fue pionero en acoger la adopción de medidas cautelares positivas, imponiendo cautelarmente a la Administración una obligación de hacer, en esa fase inicial del proceso judicial (AATSJ País Vasco, Sala contencioso–administrativo, de 21 de marzo y de 14 de octubre de 1991.

7.2.6. Derecho a los recursos

La propia doctrina del TC ha precisado que no existe un derecho constitucionalmente protegido a interponer determinados recursos y, por tanto, que no existe un derecho de relevancia constitucional a recurrir en infracción procesal y casación, siendo perfectamente imaginable,posible y real que no esté prevista semejante posibilidad (SSTC 37/88, 196/88 y 216/1998); por el contrario, el derecho a los recursos, de neta caracterización y contenido legal (SSTC 3/1983 y 216/1998, entre otras), está condicionado al cumplimiento de los requisitos de admisibilidad establecidos por el legislador y delimitados por vía interpretativa, correspondiendo al TC la última palabra sobre la materia, con el único límite consistente en la proscripción de la arbitrariedad y la evitación de los errores materiales (SSTC 3719/95,de ....; 186/1995, de ....; 23/1999, de ... y 60/1999, de ....); y que el «principio pro actione», proyectado sobre el derecho a la tutela judicial efectiva, no opera con igual intensidad en las fases iniciales del pleito que en las posteriores (SSTC 3/1983, de ....; 294/1994, de .... y 23/1999, de ...), habiéndose añadido que el referido derecho constitucional se satisface incluso con un pronunciamiento sobre la inadmisibilidad del recurso, y no necesariamente sobre el fondo, cuando obedezca a razones establecidas por el legislador y proporcionadas en relación con los fines constitucionalmente protegibles a que los requisitos procesales tienden (SSTC 43/1985, de ....; 213/1998 y 216/1998, ...).

Por su parte, en el ámbito del proceso penal, el TC (S. 37/1995, de 7 de febrero), precisa que el derecho a la tutela judicial efectiva comprende en un sentido positivo el derecho de acceso a los recursos. Se trata de un derecho de configuración legal en las condiciones fijadas por cada una de las leyes procesales salvo cuando se trata de sentencias penales de condena, en los que la revisión es constitucionalmente exigible. Esta doctrina se fundamenta en el artículo 14.5, que establece que "*toda persona declarada culpable de un delito tendrá derecho PIDCP a que el fallo condenatorio y la pena que se le haya impuesto sean sometidos al Tribunal superior conforme a los prescrito por la Ley*".

Este derecho de acceso a los recursos ha adquirido plena vigencia en nuestro sistema procesal tras la generalización definitiva de la segunda instancia penal, a partir de la reforma operada por la Ley 41/2015, de 5 de octubre, de modificación de la Ley de Enjuiciamiento Criminal para la agilización de la justicia penal y el fortalecimiento de las garantías procesales.

Tras la creación de la Salas de Apelación por la Ley Orgánica 19/2003, de 30 de diciembre, la reforma de 2015 establece el procedimiento para interponer un recurso de apelación contra las sentencias dictadas en primera instancia por las Audiencias Provinciales y por la Sala de lo Penal de la Audiencia Nacional, que será resuelto, respectivamente, por las Salas de lo Penal de los Tribunales Superiores de Justicia, y por la Sala de Apelación de la Audiencia Nacional.

7.2.7. Limitaciones

Junto a los obstáculos formales a la tutela judicial efectiva, anteriormente mencionados, existen otras limitaciones de carácter material, que repercuten claramente en la efectividad de este derecho fundamental; entre las principales es preciso enumerar la carestía de la justicia, la lentitud del proceso, la ineficacia en algunas hipótesis de ejecución forzosa, el problema de la protección jurisdiccional de los intereses de grupo, etc.

En primer lugar, es posible que la persona afectada por la lesión o amenaza de su derecho o interés no sea consciente de tal amenaza o perjuicio por desconocer cuál es la protección que le dispensa el ordenamiento: puede que no conozca sus derechos, o aunque no sea así, puede que desconozca la posibilidad de hacerlos valer ante los tribuna- les, o incluso conociéndola, no esté dispuesta a afrontarla. El proceso tradicional tiene enormes desventajas para el individuo, existen barreras psicológicas: el lenguaje jurídico y judicial convierte en extraños a los justiciables, problemas de horarios – que el tribunal tenga un horario que no coincide con el de tiempo libre del consumidor–, la burocracia. Todos ellos contribuyen a disuadir a los individuos para acceder a la tutela judicial. Además, la gran empresa o el comerciante pueden estar ya acostumbrados a pleitear, mientras que al individuo la maquinaria judicial le puede infundir respeto o incluso miedo. No es extraño que la conclusión que se saque de este panorama sea la impotencia. Así, se entiende que, pese a las reformas que van teniendo lugar en nuestro ordenamiento, el espíritu reivindicativo de los consumidores españoles sea todavía muy escaso. No hay que olvidar, tampoco, los problemas que se producen por la complejidad normativa. La existencia de diferentes instancias legislativas, la concurrencia de normas de rangos diferentes, la imperfección técnica, la existencia de contradicciones, etc., reflejan una evidente necesidad de simplificación que evite la consiguiente inseguridad jurídica.

Siguiendo con los obstáculos con los que se encuentran los portadores de intereses de grupo para acceder a la tutela judicial efectiva, es necesario tener en cuenta, también, los condicionamientos económicos. El derecho a la tutela judicial efectiva se ve influido directamente por la onerosidad de la justicia, que actúa en una sociedad económicamente desigual, convirtiendo, en ocasiones, al acceso efectivo de los ciudadanos a los órganos jurisdiccionales en una "Justicia de clase": en algunos casos, se establecen límites mínimos para acceder a la justicia, con lo cual sólo se mueve la maquinaria judicial si la reclamación es de suficiente entidad. También los recursos públicos en los Tribunales de Justicia, tanto económicos como de tiempo, son escasos, por lo que se pretende aplicarlos a casos de cierta importancia. No obstante, se dificulta así la tutela efectiva a las reclamaciones menores. En realidad, aunque se trate de cantidades pequeñas en sí mismas, por tratarse de intereses individuales generalmente de contenido cualitativamente idéntico, son numerosas pequeñas cantidades, que agrupadas, pueden ser inmensas, con lo cual parece claro que no se trata de reclamaciones de poca importancia. Esta constatación sirve de base para arbitrar mecanismos de agrupación de las reclamaciones, como pueden ser las *class actions* norteamericanas del tipo (b) (3), en las que la finalidad disuasoria (*deterrence*) frente a los eventuales demandados puede llegar a ser más importante que la de obtener la compensación del perjuicio sufrido.

La defensa y representación de las partes, o el asesoramiento y consejo jurídico no son servicios baratos, y la solución no es eliminar la asistencia de estos profesionales en el proceso, pues en realidad el ciudadano de a pie por sí sólo tiene pocas posibilidades de defenderse, especialmente si pretende enfrentarse a contrapartes poderosas. Más que plantearse cómo poder actuar sin abogado, es más coherente con una tutela judicial efectiva hablar del aseguramiento de que todos los litigantes puedan beneficiarse de la asistencia de estos profesionales. Pero hay otros factores que incrementan los gastos que se ocasionan en el proceso: así, la intervención de los peritos, más necesaria cuanto más técnica sea la cuestión debatida en el proceso. La CE reconoce el derecho a la Justicia gratuita para los que acrediten insuficiencia de medios para litigar (en relación al derecho a la asistencia jurídica gratuita y a las tasas judiciales, *vid.* Tema 11).

Otra dificultad a superar es la excesiva duración de los procesos. Sin perjuicio de lo anteriormente señalado (1.2.4), cabe añadir que difícilmente se puede pensar en una tutela jurisdiccional eficaz de los intereses de grupo en España, cuando se observa el problemático funcionamiento general de la Justicia española, especialmente por la considerable duración de los procesos: hay una cierta incapacidad de las estructuras existentes en ciertos Juzgados y las reformas que pretenden paliar estas situaciones son lentas. La CE consagra expresamente en el artículo 24.2º el derecho a un proceso sin dilaciones indebidas, siguiendo los pasos de los artículos 6.1º CEDH y 14.3º c) PIDCP, y la jurisprudencia constitucional ha entendido que el derecho a la jurisdicción del artículo 24.1º CE, no puede desligarse del tiempo en que debe prestarse por los órganos jurisdiccionales, pues debe impartirse dentro de términos temporales razonables. En este sentido, las últimas reformas procesales muestran una tendencia legislativa que prima la simplificación y la rapidez del enjuiciamiento como uno de sus objetivos principales. Así, por ejemplo, la LO 7/1988, de 28 de diciembre, de los Juzgados de lo Penal y por la que se modifican diversos aspectos de las LOPJ y de LECrim y la L 10/1992, de 30 de abril, de Medidas Urgentes de Reforma Procesal.

El derecho a un proceso sin dilaciones indebidas, ubicado en el artículo 24.2º CE goza de rango fundamental y por ello participa de los caracteres que, a este tipo de derechos, le ha ido asignando el TC en su interpretación del mencionado artículo, por ello es de mayor valor (SSTC 66/1985, de 21 de mayo; 15/1986, de 31 de enero), conforme los componentes estructurales básicos de nuestro ordenamiento jurídico (STC 53/1985, de 11 de abril) es un derecho permanente, imprescriptible e irrenunciable (SSTC 7/1983, de 14 de febrero; 58/1984, de 9 de mayo) y es directamente aplicable sin necesidad de desarrollo legislativo (STC 39/1983, de 17 de mayo).

Otras limitaciones que se señalan se refieren a la problemática de la ejecución, en la que en ocasiones es ineficaz la ejecución forzosa por inexistencia de bienes en el patrimonio del deudor. También deben citarse las dificultades de ejecución de las obligaciones de hacer.

Finalmente, son de destacar los problemas de protección de los intereses de grupo, colectivos y difusos. Los intereses de grupo no individualizables, es decir, los que se refieren a objetos indivisibles susceptibles de apropiación exclusiva y cuya fruición por un miembro de tal grupo no excluye la de los demás, tienen el problema de su escasa aprehensibilidad y su difícil atribución individualizada a los ciudadanos, lo cual choca con el marcado carácter individualista y patrimonialista que ha venido rodeando a las instituciones procesales, y especialmente de las exigencias de legitimación. Para estos intereses de grupo en sentido estricto el individuo es, en expresión gráfica, “demasiado poca cosa” para afrontar adecuadamente su tutela. Por otra parte, en el caso de que se trate de aquellos intereses de grupo en cuyo trasfondo existen realmente posiciones individuales, pero de contenido homogéneo, es característica la situación de debilidad e inferioridad de los su– jetos afectados para hacerlos valer jurisdiccionalmente, frente a las grandes empresas o las administraciones públicas responsables de la amenaza o del perjuicio. Incluso es frecuente que la exigüidad de lo que podría reclamarse no compense las dificultades prácticas y el variado coste que puede conllevar la exigencia de reparación (por ejemplo, reclamar 10 euros cobrados de más en el recibo de la luz). Algunas normas, como los artículos 7.3º o 20.1º LGDCU, dan entrada a su posible tutela jurisdiccional. Ante los obstáculos mencionados se ha propugnado también la necesidad de potenciar medidas preventivas, tanto administrativas como jurisdiccionales, para evitar lesiones concretas, además de soluciones amigables antes de acceder a los tribunales, incluida la vía del arbitraje, que se ha visto como la panacea que resuelve todos los males de la Justicia.

7.2.8. Protección

Para la tutela de las garantías constitucionales del sistema procesal se han arbitrado una serie de medios para exigir la observancia de aquéllas, por lo cual existen en nuestro ordenamiento una pluralidad de esferas de protección.

En primer lugar, la protección del derecho fundamental a la tutela judicial efectiva tiene lugar a través de los cauces procesales ordinarios, es decir, el nivel más inmediato de protección tiene lugar a través de los tribunales ordinarios. En este sentido, la STC 16/1982, de 28 de abril, afirma que "*la Constitución, lejos de ser un catálogo de principios de no inmediata vinculación y de no inmediato cumplimiento hasta que sean objeto de desarrollo por vía legal, es una norma jurídica, la norma suprema de nuestro ordenamiento, y en cuanto tal los ciudadanos como todos los poderes públicos, y por consiguiente también los Jueces y magistrados integrantes del Poder Judicial, están sujetos a ella artículos 9.1 y 117, 1° CE Por ello es indudable que sus preceptos son alegables ante los Tribunales (dejando al margen la oportunidad o pertinencia de la alegación de cada precepto en cada caso), quienes, como todos los poderes públicos, están además vinculados al cumplimiento y respeto de los derechos y libertades reconocidos en el capítulo segundo del título primero de la Constitución 53, 1 c entre los que se cuentan, por supuesto, los contenidos en el 24*". Por lo tanto, haciendo uso del sistema de recursos previstos en las normas procesales, cualquier particular que haya sufrido lesión en sus derechos fundamentales podrá acceder a la protección de su derecho.

Otras vías específicas de tutela jurisdiccional de este derecho fundamental serían las previstas en algunas leyes como la LO 1/1982, de 5 de mayo, de protección civil del derecho al honor, a la intimidad personal y familiar y a la propia imagen, modificada posteriormente por LO 31/1985, de 29 de mayo; la LO 6/1984, de 29 de mayo que regula el procedimiento de habeas corpus; LO 2/1997, de 19 de junio, del derecho de rectificación, entre otras.

La protección, por supuesto, llega también al TC, con acceso del ciudadano a través del recurso de amparo (53.2° CE y 41 y 58 LOTC). El recurso se interpone ante el TC por la parte agraviada y tras haber agotado todos los recursos utilizables en la vía ordinaria (44 LOTC). En estos casos se denuncia el acto u omisión de un órgano judicial que dé lugar a la vulneración de la garantía de que se trate. La sentencia del TC que otorgue el amparo, reconocerá la garantía fundamental, restablecerá al recurrente en la integridad de su derecho fundamental, adoptando las medidas adecuadas para su conservación. Para obtener la anulación de las disposiciones legales que se estimen contrarias al derecho fundamental no existe en el ordenamiento jurídico español una vía similar al amparo contra leyes alemán, sino que habrá de acudirse al recurso de inconstitucionalidad por parte de los que estén legitimados (162.1º CE) o a la cuestión de inconstitucionalidad.

Finalmente, el justiciable puede acceder a los mecanismos de protección supranacionales previstos en los tratados y convenios ratificados por España, especialmente, ante la Comisión y el TEDH (13 CEDH), previo agotamiento de la vía interna (26 CEDH). En cuanto al TJUE, el acceso de los particulares al mismo está muy limitado por las exigencias del artículo 173.4º TCEE (reformado por el TUE).

Tema 8. La postulación procesal

José María Roca Martínez

8.1. La promoción de la justicia y la necesidad de postulación

Nuestro sistema de justicia tiene carácter rogado de manera que, salvo mínimas excepciones, no está prevista la actuación de oficio de los órganos jurisdiccionales, siendo necesario que los legitimados insten su actuación. Aunque la CE reconoce el derecho a la tutela judicial y, por tanto, el libre acceso a la justicia a «todos», con ello no está permitiendo que cualquier individuo por sí mismo pueda dirigirse a los tribunales invocando sus derechos o intereses legítimos; se reconoce el derecho, pero su ejercicio se condiciona al cumplimiento de ciertos requisitos. La complejidad y el tecnicismo de las leyes y del propio proceso aconseja la intervención de profesionales tanto desde el punto de vista del ciudadano, para el ejercicio de sus derechos e intereses legítimos, como desde el punto de vista de la Administración de Justicia, a la que tales profesionales facilitan su actuación. Se trata del requisito denominado postulación procesal que, en España, descansa históricamente en una dualidad de funciones: la defensa, en manos de la abogacía y la representación, en manos de la procura. Abogados y Procuradores desarrollan sendas profesiones jurídicas organizadas corporativamente en colegios profesionales, a las que se atribuye respectivamente la defensa y el asesoramiento jurídicos y la representación procesal. No faltan opiniones críticas con esta dualidad que sugieren la asunción de la representación procesal por el abogado (ya hay supuestos en nuestro sistema procesal –23.1.2 LJCA, 18.1 LJS–). Se trata de profesiones que desempeñan funciones diferentes, ambas necesarias; prescindir del procurador no garantiza, en absoluto, una mejora en el servicio, ni ahorro económico, puesto que quien asumiera sus funciones no lo haría gratis.

En el ámbito del proceso laboral, otra profesión con un marcado perfil jurídico, el graduado social, tiene atribuida la denominada representación técnica que desarrolla en la instancia y en el recurso de suplicación.

La Administración en sus diferentes ámbitos territoriales (estatal, autonómico o local) y en función de su organización interna (altas instituciones, organismos autónomos, diversos servicios comunes, etc.), cuenta con cuerpos jurídicos que asumen su representación y defensa (LAJEIP).

8.2. Abogacía y procura. Aspectos comunes

Aunque diferentes, ambas profesiones comparten aspectos comunes. Su organización colegial es similar y la colegiación es obligatoria en ambas profesiones (y no contraría la CE –STC 56/1990, de 29 de marzo–), si bien bajo el principio de colegiación única que permite a cualquier colegiado actuar en todo el territorio nacional; también cabe la posibilidad de colegiarse como «no ejerciente». El CGAE y el CGPE agrupan a los respectivos colegios territoriales y para ambos está prevista la constitución de consejos autonómicos. Los colegios son corporaciones de derecho público que asumen la ordenación del ejercicio de la profesión (2 y 66 EGAE, 79.a EGPTE); su actividad presenta dos planos: en el público, gestionan importantes servicios como es el turno de oficio, el servicio de orientación jurídico o la tramitación del reconocimiento del derecho de asistencia jurídica gratuita y son los interlocutores con la Administración de Justicia en sus respectivos ámbitos territoriales; en el privado, velan por el correcto ejercicio de las respectivas profesiones y aplican el régimen disciplinario, prestando múltiples y variados servicios (formación, biblioteca, asistencia, medios informáticos, etc.).

La forma de acceso es regulada de manera conjunta para ambas profesiones por la Ley 34/2006, de 30 de octubre y su Reglamento (RD 775/2011, de 3 junio, modificado por RD 150/2014, de 7 de marzo), respetando las particularidades propias de cada una. El acceso requiere el correspondiente título profesional para el que es necesaria la realización de un curso de formación y la acreditación de la capacitación profesional a través de una evaluación cuyo contenido se fija reglamentariamente; en este momento, consiste en una prueba escrita objetiva de contenido teórico–práctico con contestaciones o respuestas múltiples y la calificación final se obtiene ponderando la nota de esa prueba (70%) y la nota media obtenida en el curso de formación (30%). Esta última se viene desarrollando de forma mayoritaria a través de másteres organizados conjuntamente por universidades y colegios (aunque también se ha mantenido con esta finalidad alguna Escuela de Práctica Jurídica) y para la acreditación de la capacidad profesional se han convocado anualmente exámenes de ámbito nacional (con distintas sedes territoriales).

Siendo ambas profesiones liberales, su evolución ha sido muy diferente. La organización de la procura se mantiene próxima a la tradición, con despachos personales de reducido tamaño, primando el trabajo por cuenta propia; no es extraño, incluso, que desarrollen su actividad en el seno de un despacho de abogados. En la abogacía, por el contrario, el abogado tradicional está en franco retroceso, en especial en grandes ciudades; los despachos personales, generalistas y de ámbito local apenas subsisten a costa de una gran especialización, dejando paso a despachos colectivos y a grandes firmas que adoptan formas societarias.

La designación de abogado y procurador descansa en la libre elección del cliente, siendo la práctica habitual acudir a un abogado y que éste sugiera la elección de procurador.

8.3. Abogacía

Recibe el nombre de abogado el licenciado en derecho que ejerce profesionalmente la dirección y defensa de las partes en toda clase de procesos o el asesoramiento y consejo jurídicos (542 LOPJ). Esta disposición permite una aproximación a la profesión de abogado, aunque contiene algunas imprecisiones. La reordenación de los estudios de Derecho ha sustituido los licenciados por los graduados, equiparándolos a todos los efectos; además, ni el licenciado antes, ni el graduado ahora accede directamente a la abogacía; siempre ha sido necesaria la colegiación, pero además en la actualidad existe para ello el doble requisito anteriormente expuesto (formación y prueba de acceso). Al contrario que la procura, el ejercicio de la abogacía no se circunscribe al ámbito del proceso, sino que el asesoramiento y consejo jurídico se lleva a cabo regularmente fuera del mismo, si bien su trascendencia para el Derecho Procesal es menor.

La LOPJ contiene algunas previsiones legales sobre la abogacía, pero su normativa básica se encuentra en el EGAE (Real Decreto 135/2021, de 2 de marzo) que, sustituyendo al anterior de 2001, lleva a cabo una importante actualización del ejercicio de la profesión, imprescindible para adaptarla a la evolución de la sociedad y a diversos cambios legislativos que han supuesto nuevas formas de organización profesional (modernización de los colegios, formación continuada, despachos colectivos), nueva tecnología (servicios telemáticos) y renovada configuración de las relaciones con el cliente (derechos y deberes, secreto profesional) y con la Administración de Justicia (colaboración con el CGPJ).

En la actualidad, según los datos del CGAE (2025), hay 83 colegios de abogados que agrupan a 145.151 colegiados ejercientes y 48.721 no ejercientes, además de 2.895 sociedades profesionales; los colegios tienen sede en las principales ciudades y son coordinados por el CGAE; con las comunicaciones actuales, los avances tecnológicos y el número de colegiados, no parece justificado el mantenimiento de algunos de ellos (Tafalla o Estella, ambos en Navarra, cuentan respectivamente con 36 y 51 colegiados y distan unos 40 km. de Pamplona).

La opinión más extendida explica la relación abogado–cliente como contrato de arrendamiento de servicios por el cual la obligación que el profesional asume es la de actuar diligentemente y dentro de la «*lex artis*» de la profesión, sin estar sujeto a resultado. Así es, indudablemente, en su actuación procesal, sin embargo, el asesoramiento jurídico al margen del proceso puede aproximarse al arrendamiento de obra si lo que se encarga es un determinado resultado (como la redacción de un contrato, la constitución de una sociedad o la preparación de un testamento).

Los abogados asumen en el ejercicio de su función de dirección y defensa de las partes un conjunto de deberes con la Administración de Justicia y con los Tribunales, con los Colegios y los compañeros y con las partes. No se puede olvidar su consideración como colaboradores de la Administración de Justicia, sujetos en sus actuaciones al principio de buena fe, así como a los deberes de probidad, lealtad y veracidad en sus declaraciones o manifestaciones; el vigente EGAE potencia la colaboración con el CGPJ a través de protocolos para denunciar retrasos injustificados. En relación al Colegio y a los colegiados, aparte de las obligaciones propias de la colegiación (pago de cuotas y otros posibles gastos), está sujeto a régimen disciplinario, debiendo mantener un trato correcto con los compañeros, incluida la obligación de no divulgar, hacer públicas o utilizar las conversaciones o correspondencia reservadas que pudiera haber mantenido. Respecto a las partes, asume el asesoramiento profesional que debe desarrollar con el máximo celo, con la lealtad debida a su cliente y con la obligación de mantenerle informado y de guardar secreto profesional.

Por lo que se refiere a sus derechos, la propia función de defensa que desarrollan es en sí misma un derecho que debe ser respetado por todos, incluidos los Tribunales, de manera que en su actuación son libres e independientes, y gozan de los derechos inherentes a la dignidad de su función; tienen derecho a la retribución económica en forma de honorarios profesionales y a hacer publicidad de sus servicios de manera digna, leal y veraz y sujeta a los criterios deontológicos del Colegio.

Para la abogacía existe libertad de honorarios sobre la base del acuerdo entre el profesional y su cliente. En la práctica se ha extendido la confección de una *hoja de encargo* que funciona como presupuesto, da previsibilidad económica y evita impugnaciones. Para fijar el importe de los honorarios, los colegios venían aprobando normas orientadoras basadas en la cuantía del asunto y que, además, se utilizaban como pauta en los casos de impugnación de las costas. El TS ha acabado con esa práctica por entender que los honorarios han de establecerse en función del efectivo trabajo y esfuerzo profesional del abogado y no por la cuantía del asunto (STS Sala 3ª 1749/2022, de 23 de diciembre de 2022 [ECLI:ES:TS:2022:4846]). Para su reclamación, el abogado dispone del expeditivo procedimiento regulado en el artículo 35 LEC.

8.4. Procura

El Procurador de los Tribunales es un cooperador de la Administración de Justicia al que corresponde en exclusiva la representación de las partes en toda clase de procesos, salvo que la ley establezca otra cosa (545.1 LOPJ).

La intervención del procurador se sustenta en la atribución expresa de la representación por el cliente, encajando jurídicamente en la figura del mandato. Puede otorgarse mediante un poder notarial, «*apud acta*» (que ha pasado de hacerse ante el LAJ a llevarse a cabo de manera telemática) o, en el orden social, mediante la simple indicación en la demanda seguida de posterior ratificación en el juzgado.

Siendo el contenido básico de su función actuar en nombre de su representado, lo cierto es que con la LEC ha asumido importantes atribuciones en el régimen de notificaciones y traslado de copias, potenciadas con la implantación del sistema telemático (*lexnet*). Al aceptar lel encargo, el Procurador asume la representación de su poderdante y los deberes propios de su función (26 LEC), cuyo contenido básico consiste en mantener informada a la parte y al abogado de todas las actuaciones, comunicar todos los actos entre el abogado y el tribunal y recibir las notificaciones.

El procurador asume la obligación de realizar los desembolsos económicos que origine la tramitación del proceso; para ello, lo habitual es que solicite una provisión de fondos al cliente (29 LEC). Por su actividad profesional le corresponde percibir derechos arancelarios que en la actualidad están fijados en máximos, según la actuación realizada (RD 434/2024, de 30 de abril). La cuenta del procurador ha de incluir el desglose de las cantidades pagadas, ya sean los gastos derivados de su actuación (p. ej. copias, burofax) o los suplidos a cuenta del cliente (p. ej. tasas, obtención de certificaciones), así como sus derechos arancelarios y, en su caso, la provisión recibida; para su reclamación dispone de un procedimiento similar al del abogado (34 LEC).

8.5. Graduados sociales

Hemos visto que la representación procesal corresponde exclusivamente a los procuradores, salvo cuando la ley autorice otra cosa (543.1 LOPJ), siendo una de esas autorizaciones legales la establecida para los procedimientos laborales y de Seguridad Social en favor de los graduados sociales colegiados (545.3 LOPJ). Al contrario que en el proceso civil, en el Eaboral, en la instancia, no tiene carácter preceptivo ni la defensa (21.1 LJS) ni la representación (18.1 LJS); por otro lado, esta última se puede otorgar a abogado, procurador, graduado social colegiado o cualquier persona en pleno ejercicio de sus derechos civiles. Ante esta situación, el graduado social en el proceso laboral bajo el cobijo formal de la representación, venía desarrollando una auténtica labor de asesoramiento jurídico y dirección técnica; no siendo necesaria la defensa (la demanda no necesita firma de letrado, ni se requiere su intervención en la instancia), actuaba formalmente como representante, pero asumiendo una auténtica "asistencia o defensa de hecho". Una de sus aspiraciones ha sido regularizar esta situación y obtener el reconocimiento de su capacidad profesional para intervenir en el proceso laboral no como representante, sino asumiendo la función de asesoramiento jurídico, incluyendo la actuación ante los TSJ en recursos de suplicación. La rotundidad con que la LOPJ atribuye en exclusiva a los abogados la dirección y defensa de las partes en todo tipo de procesos (542 LOPJ) siempre se había considerado un serio obstáculo a tales aspiraciones y contaba con la frontal oposición del CGAE. La reforma de la LOPJ por la LO 19/2003 introdujo el concepto de representación técnica en su artículo 545.2, atribuyéndola a los graduados sociales; la LJS extendió su intervención al recurso de suplicación (21.1 LJS).

Lamentablemente, el reconocimiento a la labor profesional del graduado social no ha ido acompañado del imprescindible desarrollo legal de la profesión. Llama la atención la detallada regulación de las profesiones de abogado y procurador (formación, acceso, colegiación, turno de oficio) y la escasa atención dedicada al graduado social,

El Gobierno recibió el encargo (Ley 42/2015, de 5 de octubre, DF 11ª) de remitir a las Cortes Generales en el plazo de un año el proyecto de ley regulador de la capacitación profesional exigida a los graduados sociales para actuar en los procedimientos laborales y de Seguridad Social, incluyendo, entre otros aspectos, el título exigible, la formación especializada y la evaluación a realizar. Además, para su incorporación al sistema de representación técnica gratuita, debió constituirse en el plazo de tres meses una comisión mixta formada por el mismo número de representantes del CGAE y del CGGS, de la que formarán parte los expertos, en igual número, que designe el Ministerio de Justicia. A pesar de esta deficiencia legal, la realidad nos muestra la existencia de una profesión muy importante en la jurisdicción social, organizada a partir del CGGS que agrupa a 43 Colegios. La LOPJ hace extensivas a los graduados sociales algunas disposiciones comunes a abogados y procuradores como es la responsabilidad civil, penal y disciplinaria y el deber de guardar secreto.

8.6. Representación y defensa del Estado, CCAA y otras entidades

La representación y defensa del Estado y demás entes del sector público se encuentra regulada en la Ley 52/1997, de 27 de noviembre, de Asistencia

Jurídica al Estado e Instituciones Públicas, que regula el Servicio Jurídico del Estado y dispone la intervención de los Abogados del Estado, desarrollándose mediante el RD 649/2023, de 18 de julio. Debe tenerse en cuenta que la Abogacía del Estado también tiene atribuida la representación y defensa de diversos servicios (Servicio Público de Empleo Estatal –SEPE –, adscritos a los distintos Ministerios).

Las Cortes Generales disponen de servicios jurídicos propios que asumen su representación y defensa, así como la del Congreso de Diputados, el Senado, la Junta Electoral Central y los órganos e instituciones vinculados o dependientes de aquellos (Acuerdo de 27 de marzo de 2006, adoptado por las Mesas del Congreso de los Diputados y del Senado en reunión conjunta por el que se aprueba el Estatuto del Personal de las Cortes Generales).

La representación y defensa de las Entidades Gestoras de la Seguridad Social y de sus Servicios Comunes se encuentra regulada en lo sustancial en el Reglamento de los Servicios Jurídicos de la Administración de la Seguridad Social, aprobado por RD 947/2001, de 3 de agosto, modificado por el RD 670/2014, de 1 de agosto.

8.7. Turno de oficio y asistencia jurídica gratuita

La designación de abogado y procurador descansa habitualmente en la confianza del cliente, de manera que éste elige libremente al profesional que le represente y al que le preste asistencia jurídica. Cuando no se realiza esa designación o cuando el interesado solicita expresamente que se le designe, el Estado asume la obligación de garantizar la intervención de tales profesionales (cuando es preceptiva o cuando no siéndolo hay que preservar la igualdad entre las partes) y, a través de sus respectivos colegios profesionales, se procede a la designación entre los que previamente se encuentren inscritos en la lista del turno de oficio. El acceso a esa lista es voluntario entre quienes reúnan los requisitos de antigüedad y formación exigidos por los colegios profesionales que, además, aparte de la lista general, establecen listas por especialidades con requisitos específicos (casación, mercantil, violencia de género). La selección se realiza de forma aleatoria y la aceptación es obligatoria con alguna excepción que debe ser justificada (inviabilidad de la pretensión).

La CE reconoce la gratuidad de la justicia cuando lo disponga la ley y, en todo caso, respecto de quienes acrediten insuficiencia de recursos para litigar (119 CE); con ello se pretende evitar que nadie se vea privado del acceso a la Justicia por no disponer de medios económicos para ello; cualquier limitación en este sentido incide de manera directa en el derecho a la tutela judicial efectiva. Este reconocimiento requiere desarrollo legal que se lleva a cabo a través de la Ley 1/1996, de 10 de enero, de Asistencia Jurídica

Gratuita (LAJG) y su reglamento (RD 141/2021, de 9 de marzo), así como las disposiciones normativas autonómicas en la materia (en el Principado de Asturias, el Decreto 13/2020, de 7 de mayo). El reconocimiento del derecho corresponde a las Comisiones de Asistencia Jurídica Gratuita (provinciales, autonómicas y estatal) que para la gestión se apoyan en los Colegios de Abogados; la resolución de las Comisiones puede impugnarse en vía judicial (su estudio detallado se incluye en apartado 11.4).

Tema 9. El proceso

Agustín Jesús Pérez–Cruz Martín

9.1. Concepto

El proceso, que «constituye por sí solo una categoría autónoma, no encuadrable en otra más general» (MONTERO AROCA), puede conceptuarse como el conjunto de actos procesales que se suceden temporalmente, de forma tal que cada uno de ellos es causa del anterior y razón del posterior, en aras a la solución de situaciones conflictivas con relevancia jurídica en virtud de resolución judicial definitiva y firme, que exclusivamente se ha podido pronunciar en el marco del proceso.

Presenta el proceso, distintos aspectos, a saber: dinámico, instrumental y sociológico (GÓMEZ DE LIAÑO GONZÁLEZ). Pero, además, el proceso presenta una dimensión axiológica (GÓMEZ DEL CASTILLO) en la medida que se configura el mismo como un sistema de garantías del ciudadano en orden a la tutela de sus derechos; por último, cabría recordar el enfoque realista del proceso (GIMENO SENDRA), con el que se quiere aludir al conjunto de posibilidades, cargas y obligaciones que asisten a las partes como consecuencia del ejercicio de la acción.

9.2. El proceso y la potestad jurisdiccional

Entiende GIMENO SENDRA que del mismo modo que al Poder Legislativo le asiste la potestad legislativa y al Ejecutivo la reglamentaria y ejecutiva, consecuente con la naturaleza de Poder de la Jurisdicción, le ha otorgado a los Juzgados y Tribunales «el ejercicio de la potestad jurisdiccional en todo tipo de procesos, juzgando y haciendo ejecutar lo juzgado», constituyendo dicha potestad «la capacidad de actuación de la personalidad del Estado en la manifestación de juzgar y hacer ejecutar lo juzgado que, por expreso encargo del pueblo, queda residenciada exclusivamente en los Juzgados y Tribunales».

La configuración de la potestad jurisdiccional puede concretarse, afirmando que, por tratarse de una manifestación de la soberanía del Estado, corresponde en exclusiva a éste, ejecutándose exclusiva y excluyentemente por Jueces y Tribunales, independientes, inamovibles, responsables y sometidos exclusivamente al imperio de la Ley, materializándose en la función de juzgar y hacer ejecutar lo juzgado.

Retomando los conceptos ya expuestos en cuanto a la jurisdicción como «la potestad constitucional, ejercitada por Tribunales independientes, funcionalmente desarrollada de modo imparcial en el proceso, dirigida a la satisfacción irrevocable de los intereses jurídicamente relevante» y en cuanto a la acción como el «derecho subjetivo a la actuación jurisdiccional del Estado que corresponde a todos los ciudadanos, sin más requisitos que el de la capacidad general, correlativo al deber del Estado de impartir justicia en la forma jurídicamente regulada», el proceso aparece como el único instrumento de que los órganos jurisdiccionales han de servirse para cumplir la función, constituye, pues, el proceso el instrumento necesario y exclusivo de la potestad jurisdiccional.

El dato de que el proceso sea el «instrumento» de la actividad jurisdiccional, no debe llevarnos a la identificación entre ambos, habida cuenta del aspecto creador de dicha actividad, incompatible con el carácter instrumental del proceso (GÓMEZ DE LIAÑO GONZÁLEZ). El carácter instrumental, afirmado con relación al proceso «no significa contingencia, sino por el contrario necesariamente para el juicio; ni tampoco quiere decir accesoriedad, precariedad, sino sólo que el proceso no es fin en sí mismo» (RAMOS MÉNDEZ). La relación, pues entre proceso y potestad jurisdiccional se fija en atención a que esta exclusivamente puede desarrollarse a través del proceso.

9.3. Proceso, procedimiento, enjuiciamiento y juicio

Destacó COUTURE que el término «proceso» engloba diversos significados y que, además, se han utilizado términos distintos para calificar una misma realidad jurídica. Se impone, por tanto, la necesidad de delimitar algunos de los conceptos de la confusión, que de todas formas se encuentran muy directamente relacionados.

En primer lugar, proceso y procedimiento son términos que en muchos casos se utilizan indistintamente, como sinónimos y, ciertamente, ambos proceden de un mismo origen: «*procedere*», es decir, «avanzar». Pero son en realidad conceptos distintos: todo proceso requiere para su desarrollo de un procedimiento, pero no todo procedimiento supone un proceso. Si el procedimiento, como concepto formal que es, se reduce a ser una coordinación de actos en marcha, el concepto de proceso es teleológico y en él hay que tomar también en consideración la estructura y nexos que median entre los actos, los sujetos que los realizan, la finalidad a que atienden, los principios a que corresponden, la condiciones de quienes los producen, las cargas que imponen y los derechos que otorgan.

El origen de la confusión entre estos dos términos se encuentra en la propia historia del Derecho Procesal, en la utilización del término «procedimiento» para designar el estudio del Derecho Procesal. Se empezó a hablar de «procedimientos judiciales en el plan de estudios de Pastor Díaz de 1847 (Teoría de los procedimientos judiciales, práctica forense), y hasta el plan de 11 de septiembre de 1931 no se implantó definitivamente la denominación contemporánea.

En esta etapa del procedimentalismo, que llega a España por influencia francesa donde se había desarrollado a partir de la codificación napoleónica, a través de un método exegético, se describía la previsión legal respecto de los actos que debían realizar las partes y los órganos jurisdiccionales, por lo tanto, era una descripción de las formas establecidas en la ley, sin ocuparse para nada del proceso. Pero la terminología de «procedimiento» comportaba ciertos inconvenientes que hicieron que pasara a predominar el término «proceso»: la no exclusividad del término «procedimiento» para el ámbito judicial; el carácter formal del concepto de procedimiento, que se refiere a la mera sucesión de actos procesales pues pone exclusivamente de manifiesto la actuación judicial externa. Por el contrario, la definición de proceso engloba una realidad más amplia: además de referirse al procedimiento legalmente establecido, tiene en cuenta los nexos entre los sujetos intervinientes en el proceso, así como los existentes entre los sujetos y el objeto del proceso.

De este modo, la actividad jurisdiccional dirigida a la satisfacción de intereses socialmente relevantes a través del proceso se realiza formalmente por medio de un procedimiento. Esta es la concepción que predomina en la doctrina, distinguiéndose entre proceso y procedimiento en el sentido de que éste último es una realidad de menor contenido, sólo la actuación externa del proceso.

Parece, por consiguiente, que el concepto de procedimiento alcanza una dimensión temporal con respecto al proceso. Sin embargo, RAMOS MÉNDEZ, debe ser considerado como representante de una posición particular, pues contempla al proceso desde la perspectiva temporal, con lo cual son posibles confusiones: «la idea de temporalidad es precisamente uno de los elementos característicos del proceso, pero no del procedimiento», entendiéndose así el proceso como una sucesión de actos en el tiempo. Sigue afirmando este autor que no se puede negar que el proceso se compone de una serie de actos a través de los cuales avanza hacia su fin, el proceso se desenvuelve de manera continua y por ello la dimensión temporal está presente.

La doctrina mayoritaria atribuye, no obstante, esta dimensión temporal al procedimiento, que queda englobado en el proceso mismo, entendido como instrumento de jurisdicción. Podemos, concluir por tanto con MONTERO AROCA, que la función jurisdiccional se ejerce sólo a través del proceso; sin proceso no hay ejercicio de la función jurisdiccional; todo proceso se desarrolla formalmente a través de un procedimiento; existen procedimientos judiciales que no son la forma externa de un proceso (cuando el órgano judicial no actúe jurisdiccionalmente) y, finalmente, un sólo procedimiento puede ser la forma externa de dos o más procesos.

El término de «proceso», si bien se considere uno de los pilares del Derecho Procesal, apenas se emplea en nuestras normas procesales, sino que es sustituido por el término «juicio» o «enjuiciamiento». Por el contrario, los procesalistas han destacado tanto el proceso, que no se ha reparado que al final del proceso está el juicio. En nuestra historia jurídica la palabra proceso es nueva, incluso en la redacción originaria de la vigente LEC se utiliza tal término sólo una vez. En la tradición española es mucho más frecuente el término «juicio», que en el derecho medieval era sinónimo de sentencia. Pero hoy, juicio y proceso se equiparán en sentido amplio y así las leyes procesales se refieren con el primero de ellos a todo un proceso («juicio por delitos leves») o a una fase del mismo («juicio oral»). Sin embargo, si atendemos a la precisión terminológica, el juicio se refiere más propiamente a la acción de juzgar y el proceso al instrumento para juzgar.

La importancia contemporánea del término «juicio» se debe a CARNELUTTI, quien defendió el retorno a la terminología anterior a la introducción, por influencia francesa, de la palabra «procedimiento» y por influencia alemana, de la palabra «proceso», precisamente con la finalidad de paliar la insuficiencia de éstas últimas: "la secuela de actos regulada por el derecho a fin de mettre en oeuvre le droit, es esencialmente juicio". Afirma que, si bien el proceso es un juicio, no lo es cualquier juicio, sino sólo cuando se pronuncia por ciertas personas (jueces) con ciertas cautelas y con un cierto aparato, en razón de los efectos que de él deben seguirse.

En el Derecho español y en el de otros países hispanoamericanos fieles a nuestra tradición jurídica se utiliza además el término «enjuiciamiento». Como explicaba ALCALÁ–ZAMORA CASTILLO «en España, no tenemos Códigos, Ordenanzas o Reglamentos procesales (como en Alemania, Austria, Portugal o Brasil, por ejemplo), ni tampoco Códigos de procedimiento (como en Francia, Italia, ...), sino Leyes de enjuiciamiento, civil y criminal». La definición de este cuarto concepto, siguiendo a ESCRICHE, es la que sigue: «el orden y método que debe seguirse con arreglo a las leyes en la formación e instrucción de una causa civil o criminal, para que las partes puedan alegar y probar lo que les convenga y venir el Juez en conocimiento del derecho que les asista y declararlo por medio de su sentencia».

Este término deriva claramente de «juicio», y según algunos autores la relación entre juicio y procedimiento sería equivalente a la de proceso y procedimiento.

A esta equiparación se oponen otros como ALCALÁ–ZAMORA CASTILLO y MONTERO AROCA. Este último afirma, en concreto, que sin bien nuestra normativa procesal equipara el término juicio al de proceso, no se puede hacer lo mismo entre enjuiciamiento y procedimiento. El enjuiciamiento hace referencia a la dinámica que conduce al juicio, incluido éste, es decir, tanto al juicio como al camino que a él conduce, tanto a la sentencia como al proceso, por tanto, comprende al mismo tiempo el proceso, el procedimiento y el juicio. Desde este punto de vista considera más ventajoso el término enjuiciamiento aplicable a las leyes procesales españolas que el de Código procesal, pues aparece como más completo y específico de nuestra disciplina.

9.4. Los principios del proceso y de los procedimientos.

El estudio de los principios del proceso y de los procedimientos posibilita apreciar la filosofía inspiradora, los criterios generales que orientan el sistema procesal, permitiendo comprobar su adecuación o no al denominado «proceso justo».

Si bien es cierto que la distinción entre principios del proceso y del procedimiento no es unánimemente aceptada por la doctrina procesal (en su favor, entre otros, puede citarse a RAMOS MÉNDEZ, GIMENO SENDRA), mientras que en su contra puede mencionarse a ALMAGRO NOSETE), se trata de una distinción que tiene una importancia didáctica indudable. Son múltiples y variados los criterios utilizados para su clasificación y no cabe ocultar la utilidad de todas ellas. A continuación, a partir del esquema elaborado por GIMENO SENDRA, trasladamos al siguiente cuadro una sencilla clasificación estructurada en función de la incidencia que cada uno de los principios tiene sobre el proceso o el procedimiento; el desarrollo de los mismos se realiza en los posteriores apartados.

PRINCIPIOS TÉCNICOS O POLÍTICOS DEL PROCESO	ESTRUCTURALES	AUDIENCIA, CONTRADICCIÓN E IGUALDAD
	OBJETO PROCESAL Y DERECHO MATERIAL SUBYACENTE	DISPOSITIVO-OPORTUNIDAD
		ACUSATORIO-LEGALIDAD
	FORMACIÓN MATERIAL FÁCTICO	APORTACIÓN
		INVESTIGACIÓN
	VALORACIÓN DE LA PRUEBA	PRUEBA LIBRE
		PRUEBA TASADA
PRINCIPIOS DEL PROCEDIMIENTO	FORMA DE LOS ACTOS	ORALIDAD
		ESCRITURA
	RELACIÓN ENTRE TRIBUNAL Y OBJETO	INMEDIACIÓN
		MEDIACIÓN
	CONOCIMIENTO DE LAS ACTUACIONES	PUBLICIDAD
		SECRETO
	SISTEMA DE RECURSOS	INSTANCIA ÚNICA
		DOBLE INSTANCIA
	OTROS PRINCIPIOS	CONCENTRACIÓN, PRECLUSIÓN, CELERIDAD

9.5. Principios del proceso

9.5.1. Audiencia o contradicción; principio de igualdad de las partes

9.5.1.1. Principio de audiencia o contradicción.

Constituyen principios básicos de la justicia natural, que se complementan recíprocamente, son los de audiencia y contradicción («*audiatur et altera pars*», «*nemo inauditus damnari potest*»), recogidos implícitamente en el artículo 24.1º y 2º CE, conforme a los cuales nadie puede ser condenado sin haber tenido la oportunidad de ser oído y vencido en juicio, por lo que el juez debe ofrecer a las partes procesales una posibilidad adecuada de formular sus alegaciones y de defender sus respectivas posiciones en cada una de las fases que integran el proceso, desde el mismo momento de iniciarse la litispendencia.

Como primera manifestación de estos principios –afirma RAMOS MÉNDEZ– aparece el derecho a ser notificado de la pendencia del proceso, es decir, al emplazamiento o citación a juicio (SSTC 123/1991, de 3 de junio y 17/1992, de 10 de febrero) y, sobre todo, al emplazamiento personal, siempre que ello resulte posible a fin de que cada parte tenga la posibilidad de ejercitar su derecho de defensa en la medida que juzgue conveniente para sus intereses (SSTS de 19 de febrero de 1998, 30 de junio de 2010, 25 de noviembre de 2010 y 3 de marzo de 2011).

La doctrina en esta materia del TC y TS, en los aspectos que ahora interesan, pueden sintetizarse en términos siguientes:

a) Para entablar y proseguir los procesos con la plena observancia del derecho a la tutela judicial efectiva sin indefensión es exigible una correcta y escrupulosa constitución de la relación jurídico procesal y para atender a este fin es un instrumento esencial el régimen procesal de emplazamientos, citaciones y notificaciones a las partes de los distintos actos procesales que tienen lugar en el seno de un procedimiento judicial, ya que solo así cabe garantizar los principios de contradicción e igualdad de armas entre las partes en litigio (SSTC 268/2000, de 13 de noviembre; 34/2001, de 12 de febrero, 99/2003, de 3 de junio),

b) Para lograr la plena efectividad del derecho de defensa, el artículo 24.1 CE contiene un mandato implícito de evitar la indefensión, propiciando la posibilidad de un juicio contradictorio en el que las partes puedan hacer valer sus derechos e intereses legítimos, lo que obliga a los órganos judiciales a procurar el emplazamiento, citación, o notificación personal de los demandados, que es el medio normal de comunicación, siempre que sea factible, asegurando de este modo que puedan comparecer en el proceso y defender sus posiciones frente a la parte demandante (SSTC 216/2002, de 25 de noviembre, 99/2003, de 2 de junio, 19/2004, de 23 de febrero),

c) El emplazamiento por edictos tiene carácter estrictamente subsidiario (STC 6/2003, de 20 de enero; STS., Sala 1ª, nº 65/2019, de 31 de enero) es supletorio y excepcional (STC 185/2001, de 17 de septiembre) y requiere el agotamiento previo de los medios de comunicación ordinarios y la convicción del órgano judicial de que, al ser desconocido el domicilio e ignorado el paradero del interesado, resultan inviables o inútiles los otros medios de comunicación procesal (SSTC 216/2002, de 25 de noviembre; 220/2002, de 25 noviembre, 267/2003, de 9 de abril; 138/2003, de 14 de julio; 181/2003, de 20 de octubre; 191/2003, de 27 de octubre; 162/2004, de 4 de octubre; 225/2004, de 29 de noviembre; 61/2010 de 18 de octubre; 122/2013, de 20 de mayo, 5/2017, de 16 de enero, entre otras),

d) La exigencia del agotamiento anteriormente expresado se refiere tanto al tribunal —los órganos judiciales deben agotar las posibilidades razonables de dar a conocer al demandado la existencia del proceso —como al demandante a quien le afecta un deber de colaboración con el órgano judicial, facilitando los datos de posible localización del demandado (SSTC 134/1995, de 25 de septiembre; 268/2000, de 13 de octubre; 42/2001, de 12 de febrero; 87/2002, de 22 de abril), aunque no es precisa una desmedida labor investigadora, lo que llevaría más bien a la indebida restricción de los derechos de defensa de los personados en el proceso (SSTC 268/2000, de 13 de noviembre y 18/2002, de 28 de enero),

e) Para que quepa denunciar la práctica indebida del emplazamiento por edictos es preciso que se haya producido una indefensión efectiva o material, no formal (SSTC 26/1999, de 8 de marzo; 197/1999, de 25 de octubre; 162/2002, de 16 de septiembre; 6/2003, de 20 de enero, entre otras); y no hay tal indefensión si, teniendo presentes las circunstancias del caso, el interesado tuvo o pudo haber tenido, empleando una mínima diligencia, un conocimiento extrajudicial de la pendencia del pleito en un momento procesal todavía oportuno para personarse y actuar en él en defensa de sus derechos e intereses (SSTC 26/1999, de 8 de marzo; 77/2001, de 26 de marzo; 36/2001, de 12 de febrero; 87/2002, de 24 de abril; 6/2003, de 20 de enero; 44/2003, de 3 de marzo; 90/2003, de 19 de mayo; 99/2003, de 2 de junio y 181/2003, de 20 de octubre),

f) La carga de la prueba del conocimiento extra procesal del proceso corresponde a quien lo alega (STC 26/1999, de 8 de marzo), pues no se puede exigir a quién aduce la indefensión probar su propia diligencia, dado que existe en principio una presunción de desconocimiento del pleito (STC 126/1999, de 28 junio) y la prueba ha de ser fehaciente (SSTC 70/1998, de 30 de marzo; 122/1998, de 15 de junio; 26/1999, de 8 de marzo), y aunque la exigencia de prueba suficiente no excluye las reglas del criterio humano que rigen la prueba de presunciones (STC 102/2003, de 2 de junio) y que basta que del examen de las actuaciones pueda inferirse de manera suficiente y razonable la concurrencia del conocimiento o de poderse haber tenido empleando un mínimo de diligencia (SSTC 86/1997, de 17 de marzo; 113/1998, de 18 de mayo; 26/1999, de 8 de febrero), sin embargo no puede presumirse el conocimiento extrajudicial por meras conjeturas, pues lo presumido es, justamente, el desconocimiento del proceso si así se alega (SSTC 161/1998, de 14 de julio; 219/1999, de 29 de noviembre; 99/2003, de 2 de junio y 102/2003, de 2 de junio).

En el proceso civil el principio de audiencia se respeta si se ofrece a las partes litigantes la posibilidad real de ser oídas, con independencia de que hagan uso o no de esta posibilidad; mientras que en el proceso penal la presencia del acusado constituye para el Estado una obligación ineludible y para aquél un derecho no renunciable, si bien debe matizarse lo afirmado en el sentido de que a lo largo del sumario la situación de rebeldía no suspende la tramitación del mismo —que continuará hasta completar la instrucción—, y, sin embargo, el juicio oral no podrá celebrarse en ausencia del investigado, debiendo suspenderse en el momento en que sea declarado rebelde —con las salvedades recogidas en el artículo 971 LECrim en relación con el juicio por delitos leves y en los artículos 786.1.II y 793 LECrim previstas para el procedimiento abreviado.

El principio de contradicción (con especial incidencia en el proceso penal) supone –estima GIMENO SENDRA– en primer lugar, que a las partes se le reconozca «el derecho a ser oído por un Tribunal independiente (13 y 6.1º CEDH) y, en segundo lugar, la exigencia de dar entrada en el proceso a los titulares del derecho a la libertad y del «ius puniendi» o de la acción penal —lo cual se efectúa mediante el otorgamiento oportuno del «status» de parte procesal.

Una manifestación específica de los principios de audiencia y contradicción en el proceso penal lo constituye el derecho a ser informado de la acusación —hoy sancionado por los artículos 14.3º d) PIDCP y 6, 3 a) CEDH lo que implica, la obligación de dar traslado del escrito de acusación con un tiempo prudencial para que el acusado pueda eficazmente contestarla y además:

- La obligación de información al investigado de todos sus derechos y, en particular, de los efectos desfavorables que pueden derivarse de su sometimiento voluntario a un determinado acto de investigación;
- La obligación de ilustración de la imputación con carácter previo a su interrogatorio policial o judicial, a fin de que pueda eficazmente oponerse a ella dentro de la instrucción;
- La puesta en conocimiento de dicha imputación a través de «una lengua que comprenda» o el de ser asistido el investigado en sus declaraciones por un intérprete;
- El objeto de dicha información ha de ser el hecho punible, cuya comisión se le atribuye al investigado y
- El derecho del acusado a defenderse frente a la pretensión penal formulada contra él, derecho que ha sido (con evidentes dudas acerca de su constitucionalidad) limitado en virtud de la reforma operada por la L 10/1992, de 30 de abril (confirmada en la reforma operada por L 38/2002, de 24 de octubre) del artículo 784 LECrim al permitirse la continuación del proceso aun no habiendo sido presentado el escrito de defensa del acusado, y posibilitando a la defensa la solicitud de la práctica de prueba.

El principio contradictorio, que es fundamental en el proceso (CALAMANDREI), presupone la existencia de una dualidad de partes; MONTERO AROCA utiliza la expresión de posiciones "*porque si no puede existir un proceso con una sola parte, sí puede darse con más de dos. En el llamado proceso con pluralidad de partes se mantiene el principio de dualidad de posiciones, pero existen más de dos partes con plenitud de derechos, cargas y deberes procesales*".

Para que pueda constituirse un verdadero proceso es necesario, por lo menos, la presencia de dos partes, que aparecerán en posiciones contrapuestas (quien formula la pretensión –actor o demandante y acusador– y quien opone la resistencia –demandado y acusado–). De este modo, el principio de contradicción sólo se verá salvaguardado si correlativamente al derecho de acción se reconoce el derecho de defensa, en caso contrario, se produciría el resultado prohibido por el artículo 24.1 CE, la indefensión. Ahora bien, aunque la contradicción se ha de mantener a lo largo de todo el proceso, hay casos en que su vigencia se ve atenuada; así, por ejemplo, en los procesos civiles sumarios (en los que no se produce indefensión al posibilitarse la contradicción en un juicio ordinario posterior) o en la fase de investigación (sumario o previas) del proceso penal.

9.5.1.2. Principio de igualdad.

Para que el principio de contradicción sea efectivo es necesario que ambas partes tengan las mismas posibilidades y cargas de ataque y de defensa, así como en orden a las alegaciones, pruebas e impugnaciones (SS. TC 12/1987, de 4 de febrero; 98/1987, de 10 de junio; 25/1988, de 22 de julio). Este principio -de igualdad- constituye una proyección en la esfera del proceso de aquel otro más general, enunciado en la CE, que proclama la igualdad de todos los ciudadanos ante la ley (fundamentalmente en los artículos 1.1° y 14, así como los artículos 9.2°, 21.1°, 23.2°, 40.1° y 53.3° y, más concretamente, desde el punto de vista procesal en los artículos 24.1° y 119, todos ellos de la CE).

Ahora bien, las desigualdades sociales, culturales y económicas convierten el principio de igualdad en algo que hay que buscar, no en algo que se nos dé ya conseguido, de tal forma que la verdadera igualdad exige instrumentos o mecanismos correctores de dichas desigualdades. En otras palabras, debe buscarse no sólo la igualdad formal, sino también (y en mayor medida, si cabe) la igualdad sustancial de las partes; de esta forma, el proceso actúa, en ocasiones, como instrumento corrector de desigualdades para evitar que resulte inoperante la tutela de los derechos de la parte socialmente más débil (p. ej. exigencia de constituir depósitos para interponer recursos a quien no sea trabajador o causahabiente suyo –229.1 LJS–).

En el plano legislativo, la igualdad teórica se reconoce en el proceso civil, a excepción de determinados procedimientos (p.ej.: los procesos sumarios en los que, por exigencias jurídico–materiales, existe limitación de alegación y prueba).

En el proceso laboral siempre ha estado presente, a lo largo de sucesivas reformas, la idea de lograr la igualdad de hecho, colocando a la parte socialmente más débil en condiciones de paridad inicial frente a la más fuerte (oralidad, rapidez, gratuidad, ejecución provisional, etc.). En el proceso administrativo los privilegios de la Administración son evidentes, extendiéndose, incluso, a otros órdenes (reclamación administrativa previa, ejecución, etc.); la técnica de la autotutela convierte al ciudadano siempre en demandante, recayendo sobre él, cuando solicite la suspensión del acto recurrido, la carga de alegar y probar los daños o perjuicios de reparación imposible o difícil.

En el proceso penal, la igualdad rige en el juicio oral, siendo más acusada la desigualdad en la fase de instrucción (justificada por la Exposición de Motivos de la LECrim en razón a la desigualdad real calculadamente introducida por el criminal y que es preciso restablecer concediendo al Estado ciertas ventajas en los primeros momentos).

9.5.2. Dispositivo, aportación y «iura novit curia»

9.5.2.1. Principio dispositivo

El análisis del principio dispositivo permitirá conocer las facultades de las partes en relación al objeto procesal y al derecho material subyacente. Ha de precisarse, desde este momento, que no puede afirmarse que el proceso civil o el penal sean totalmente dispositivo o acusatorio, sino que son más bien modelos dialécticos, claramente enfrentados con sus opuestos: el proceso necesario y el proceso inquisitivo (GIMENO SENDRA).

El principio dispositivo (cuyo fundamento actual se encuentra en el reconocimiento constitucional del derecho a la propiedad privada y a la libertad de empresa —33 y 38 CE—) viene referido a la disponibilidad que los litigantes tienen sobre el interés privado y sobre la conveniencia o no de acudir al órgano jurisdiccional pretendiendo su satisfacción.

Como notas esenciales del principio dispositivo pueden mencionarse las siguientes (GIMENO SENDRA):

a) La actividad jurisdiccional sólo puede iniciarse a través de una petición de parte –conforme al aforismo latino «*ne procedat iudex ex officio*»–. El particular debe ser libre para medir el interés que le mueve a luchar por su derecho o a dejarlo ignorado o insatisfecho. El órgano jurisdiccional no puede, por sí mismo, entablar un proceso entre las partes. En este sentido, si los derechos e intereses jurídicos, que se pueden discutir en el proceso civil, son del dominio absoluto de los particulares, a nadie se le puede constreñir a instar su tutela jurisdiccional o a ejercitar su defensa ante los Tribunales. Las partes, ante el nacimiento de un conflicto, son absolutamente dueñas de solucionarlo a través de fórmulas autocompositivas o heterocompositivas, sin que tengan que acudir, necesariamente, al proceso para la satisfacción de su pretensión.

b) La determinación concreta del interés, cuya satisfacción se solicite a los órganos jurisdiccionales, es facultad exclusiva de las partes (a éstas corresponde determinar el objeto del proceso mediante la pretensión y la resistencia).

Las partes no sólo son dueñas del ejercicio de la acción y de la incoación del proceso, sino que lo son también de la pretensión y del proceso mismo, pudiendo disponer de él a través de una serie de actos que, con la fuerza de la cosa juzgada (allanamiento, renuncia o transacción) o sin ella (desistimiento, caducidad), han de producir la terminación del proceso con anterioridad a la sentencia definitiva.

c) Los órganos jurisdiccionales, al satisfacer intereses privados a través del proceso, deben ser congruentes con la pretensión y la resistencia formuladas (218 LEC).

Ello supone que el Tribunal no puede en su decisión final otorgar más de lo solicitado por el actor (STS Sala 1ª de 14 de abril de 2011), menos de lo pretendido por las pretensiones deducidas por las partes (STS Sala 1ª de 26 de octubre de 2010) o fuera de lo pedido (STS Sala 1ª de 1 de octubre de 2010). El deber de congruencia ha adquirido rango constitucional por obra de la doctrina del TC nacida en torno a la interpretación del derecho a la tutela judicial efectiva (SSTC 20/1982, de 5 de mayo; 14/1983, de 3 de febrero; 32/1992, de 18 de marzo y 136/1998, de 29 de junio).

Distinto del deber de congruencia –«no es hoy una mera obligación procesal» (GIMENO SENDRA)– es la proscripción del agravamiento del recurrente más de lo que estaba (prohibición de la «*reformatio in peius*»), salvo que recurra también la contraparte, en cuyo caso los límites de la congruencia vendrán determinados por los de las pretensiones deducidas en la segunda instancia (SSTC 15/1987, de 11 de febrero; 91/1988, de 20 de mayo y 143/1988, 12 de julio).

El principio dispositivo, en la forma que se ha señalado, puede afirmarse que informa el proceso civil –sin perjuicio de la existencia de un proceso civil no dispositivo referido fundamentalmente al estado civil y condición de las personas–, el proceso laboral –con las salvedades que pudieran hacerse en relación al denominado «procedimiento de oficio»– mayores problemas presenta la virtualidad de dicho principio en relación con el proceso administrativo –y que a fin de no complicar la exposición preferimos no abordarlo en este preciso momento–.

9.5.2.2. <u>Principio de aportación de parte</u>

Distinto del principio dispositivo, pero vinculado a éste (lo que motiva su confusión) es el principio de aportación de parte, que implica la atribución al demandante y demandado el derecho (y el deber) de producir las pruebas de los hechos alegados como fundamento de los derechos que ejercitan en el proceso. A la vez, el deber de probar les constriñe al imponerles la correspondiente carga procesal, atribuyéndoles las consecuencias desfavorables que se deriven de la falta de prueba de los hechos que habrían sido de su interés y que no podrán ser tomadas en consideración si están faltos de prueba (VÁZQUEZ SOTELO).

9.5.2.3. Principio «iuria novit curia»

El principio *iuria novit curia* comprende dos usos del conocimiento judicial del Derecho diversos: como presunción y como principio jurídico; desempeña la función de sintetizar los poderes del Juez y expresa un regla procesal de reparto de la actividad probatoria: la de los hechos correspondería a las partes y la del Derecho (cuando sea precisa) al órgano jurisdiccional (EZQUIAGAS GANUZAS).

El reparto de poderes Juez–parte, en relación a los materiales jurídicos de un proceso, se puede concretar en la no vinculación del Juez a las alegaciones jurídicas de las partes, debido a que se presume que el órgano jurisdiccional conoce el Derecho (CARNELUTTI, CARPI, COLESANTI, TARUFFO). Las consecuencias, que deduce EZQUIAGAS GANUZAS, de la no vinculación del Juez a los fundamentos jurídicos en los que las partes sustentan su posición, son:

a) El Juez no podrá tener en cuenta una norma, que realmente no existen, aunque las dos partes del proceso estén de acuerdo en admitir la existencia de la norma. La presunción del conocimiento, por el Juez, del Derecho, no debe imponer el deber de conocer el derecho extranjero o la costumbre, como claramente se infiere del artículo 281.2 LEC, donde se disponen especialidades probatorias en relación con el Derecho extranjero y el Derecho consuetudinario.

b) El Juez no podrá dejar de aplicar una norma, que realmente existe, pese a que las partes estén de acuerdo en silenciar su existencia.

c) El juez puede alterar la calificación jurídica de los hechos efectuada por las partes siempre que ese cambio no implique una mutación de los elementos objetivos de la demanda (CARPI, COLESANTI, TARUFFO).

En cuanto reparto de papeles en la relación Juez–partes, respecto del material fáctico del proceso, el Juez debe partir de los hechos alegados por las partes, quedando proscrito la incorporación al proceso de hechos conocidos por el Juez a partir de su conocimiento privado (STEIN), así como corresponde a las partes la prueba de los hechos alegados, sin perjuicio, todo ello, de las facultades concedidas al Juez en los artículos 218.1.II, 282,

429.1.II y 435.2 LEC, anteriormente mencionados al aludir a las derogaciones del principio de aportación.

9.5.3. Objeto procesal y el derecho material subyacente

9.5.3.1. Principio de legalidad y de oportunidad

El principio de legalidad se fundamenta en el positivismo legal científico y en el movimiento codificador del s. XIX, que presuponían además la ficción de la «plenitud del ordenamiento jurídico». Un ordenamiento procesal está regido por este principio cuando el proceso penal necesariamente ha de incoarse ante la sospecha de la comisión de cualquier delito, sin que el MF esté autorizado para solicitar el sobreseimiento, ni el órgano jurisdiccional a otorgarlo, en tanto subsistan los presupuestos materiales que lo han provocado y se haya descubierto al presunto autor.

El principio de oportunidad se da en cambio cuando los titulares de la acción penal están autorizados, si se cumplen los presupuestos previstos por la norma, a hacer uso de su ejercicio, incoando el procedimiento o provocando su sobreseimiento. A su vez, puede ser puro o bajo condición: el primer caso ocurre cuando las partes son absolutamente dueñas de provocar la finalización anormal del procedimiento y la segunda, si el procedimiento permanece bajo la condición suspensiva de que el investigado cumpla determinadas prestaciones.

Este principio se basa en razones de utilidad pública o interés social; escasa lesión social; evitación de efectos criminógenos de las penas cortas privativas de libertad; obtener la rehabilitación del delincuente mediante su sometimiento voluntario a un procedimiento de readaptación, entre otras.

En el ordenamiento español rige el principio de legalidad: artículo 100 LECrim, conforme al cual «del delito nace la acción penal» y los artículos 105 y 271 que obligan al Ministerio Fiscal "*a ejercitar las acciones penales que considere procedentes*" siguiendo el principio de legalidad. Pero el principio de oportunidad tampoco está ausente: se refleja por ejemplo en la regulación de la conformidad en la LECrim, sin duda, en esta materia, la reciente reforma del artículo 655 LECrim., por la L.O. 1/2025, de 2 de enero, supone un importante impulso a la conformidad en el proceso penal, excluyendo límites penológicos al ámbito de aplicación de la conformidad; también el CP contiene manifestaciones de este principio: directas, en relación con los delitos semipúblicos (191 CP), la querella en los privados (215.1º CP) y el perdón del ofendido; e indirectas, en relación con la licencia del Juez o Tribunal en el caso de injurias o calumnias vertidas en juicio (215.2º CP), la remisión condicional (80 y ss. CP), el indulto (4 y 130 CP).

9.5.3.2. <u>Principio acusatorio y de legalidad</u>

Cuando en los primeros tiempos de la civilización no era posible distinguir todavía el ilícito penal del civil, el delito fue construido desde unas bases esencialmente privadas, siendo escasa la sensibilidad social. Los delitos privados eran, pues, la mayoría y el proceso penal era concebido, al igual que el civil, como un proceso de partes. A medida que la organización estatal se fue consolidando los delitos públicos pasan a ser mayoría, evolucionándose del acusatorio puro al proceso inquisitivo, el cual culmina en el Estado absoluto (TOMÁS Y VALIENTE), donde no hay acusador, ni acusado, sino tan sólo un juez, inquisidor y sentenciador y un objeto de su actividad: el inquerido. El principio inquisitivo en los Estados liberales se redujo a la fase instructora, pero más suavizado, mientras que el juicio oral pasa a regirse por el principio acusatorio. Así surge el llamado acusatorio formal o mixto. A partir de la posguerra mundial el acusatorio se potencia también en la fase instructora del proceso.

Sin embargo, según MONTERO AROCA, no hay que confundir este principio con el de contradicción, en realidad el principio acusatorio se limita a tres consecuencias importantes:

- No puede haber proceso si no hay acusación y ésta es formulada por persona ajena al tribunal sentenciador; lo cual ha llevado a que el Estado se desdoble en el proceso penal y actúe como requirente (Ministerio Público) y como decisor (órgano jurisdiccional).
- No puede condenarse ni por hechos distintos de los acusados ni a persona distinta de la acusada, ni imponer pena más grave de la que fue objeto de acusación. En este sentido debe haber correlación entre acusación y fallo, tanto subjetiva como objetiva.
- No pueden atribuirse al juzgador poderes de dirección del proceso que cuestionen su imparcialidad, pero respecto de los hechos acotados por los acusadores puede colaborar para determinar la existencia o inexistencia de los mismos.

Añade GIMENO SENDRA a las manifestaciones del principio acusatorio la prohibición de «*reformatio in peius*»: en la segunda o sucesivas instancias no se pueda gravar más a un apelante de lo que ya lo estaba en la sentencia recurrida, salvo que el apelado impugne también la sentencia o se adhiera.

La LECrim supuso instaurar un proceso respetuoso con el principio acusatorio, sin embargo, la promulgación de posteriores reformas lo enturbiaron.

9.5.3.3. Formación del material fáctico: aportación e investigación

El binomio aportación/investigación indica a qué sujetos procesales les corresponde la formación del objeto procesal. El principio de aportación se resume en la máxima: «*iudex iudicare debet secundum allegata et probata partium*». Un proceso está informado por el principio de aportación cuando concurren en él diversas notas:

- A las partes les corresponde la introducción de los hechos en el proceso, correspondiendo la decisión del órgano jurisdiccional debe basarse en los hechos afirmados por las partes.
- El órgano judicial no puede considera los hechos que las partes previamente no le han aportado.
- La actividad probatoria recae también en las propias partes, de tal suerte que son sólo ellas quienes tienen la carga de acreditar los hechos, que han afirmado dentro del proceso.

Por el contrario, el principio de investigación significa que el Juez está obligado por sí mismo a la aportación de los hechos y práctica de la prueba de los mismos con independencia de la voluntad de las partes.

En el proceso civil, salvo en los llamados procesos civiles necesarios, donde es más evidente la concurrencia de un interés público y por ello al juez no se le exonera totalmente de contribuir a la formación del material fáctico o a la constatación de la veracidad del mismo, el proceso está dominado por el principio de aportación. Es a las partes a quienes les incumbe la exposición de los hechos en los escritos de demanda y contestación, siendo muy contados los casos en que el órgano jurisdiccional pueda inadmitir una demanda por falta de fundabilidad. En el período probatorio las partes disponen tanto de su apertura como de los distintos medios probatorios utilizables, aunque una vez abierto este período las facultades del juez se amplíen y se acentúen.

En el proceso penal vigente, como afirma la STS Sala 2ª de 22 de abril de 1983, predomina el principio de investigación en la fase instructora, y el de aportación en la fase del juicio oral. En la fase de investigación se persigue la determinación del hecho y la del presunto autor, por ello es claro que debe predominar el principio de investigación. Corresponde, por tanto, especialmente al Juez de Instrucción competente la labor de introducir el material de hecho a la fase instructora, a través de diversas actuaciones de investigación. Aunque en esta actividad éste órgano no se encuentra en posición de monopolio, pueden aportar hechos al proceso todas las Autoridades judiciales que hubiesen tenido conocimiento de una «*notitia criminis*», también la policía judicial y, además, el Ministerio Fiscal puede disponer también la práctica de actos de investigación que, salvo la detención, no suponga «adopción de medidas cautelares o limitativas de derechos». El Juez de Instrucción tiene, sin embargo, una competencia exclusiva: los actos de investigación que pudieren entrañar restricción a los más preciados derechos fundamentales: prisión provisional, entrada y registro, intervención de las comunicaciones, ... –con la excepción de los supuestos del artículo 55 CE–.

Además, el acto de investigación debe justificarse objetivamente: se hace obligado cumplir con el principio de proporcionalidad de la medida restrictiva con el fin perseguido. Este principio se contiene implícitamente en el artículo 25 CE y en cada uno de los preceptos que establecen límites al ejercicio de los derechos fundamentales. Conforme a este principio: **a)** toda resolución que limite o restrinja el ejercicio de un derecho debe estar motivada; **b)** las medidas limitadoras han de ser necesarias para conseguir el fin perseguido por el acto de investigación; c) la finalidad de dicho acto no ha de poder alcanzarse sino mediante el mismo y no con otro igualmente eficaz, pero no restrictivo del derecho fundamental: la finalidad no debe poderse obtener mediante un medio menos restrictivo.

En el juicio oral, en cambio, predomina el principio de aportación: corresponde a las partes la introducción de los hechos, que han de constituir el objeto del juicio oral, siempre que hayan sido determinados en la instrucción anterior.

Pero la especial naturaleza del proceso penal ocasiona que en determinados casos también en el juicio oral actúe el principio de investigación. El Juez o Tribunal podrá proponer de oficio medios de prueba, pero siempre que se refieran a los hechos que hayan sido objeto de estos escritos.

9.5.4. Valoración de la prueba

Una vez introducidos los hechos en el proceso y realizada la actividad probatoria es preciso determinar a partir de qué reglas o criterios debe el Tribunal valorar el resultado obtenido de la prueba, formando su convicción.

9.5.4.1. Principio de prueba legal

Un proceso está informado por el principio de la «prueba legal» cuando el legislador impone al juzgador un conjunto de reglas vinculantes en las que se fija el valor a asignar a los diferentes medios de pruebas, limitándose la tarea del juez a aplicarlas para declarar probados o improbados unos determinados hechos. Por el contrario, el principio de «libre valoración de la prueba» está presente en un determinado procedimiento cuando el Juez o Tribunal, a la hora de formar su íntima convicción, no ha de tener otro límite que los hechos probados en el juicio, sin necesidad de atender a reglas previamente establecidas, basándose únicamente en las normas de la experiencia o de la lógica.

La prueba legal o tasada en sus orígenes responde a influencias míticas o supersticiosas en el Derecho germano, conforme al cual determinados medios probatorios, realizados bajo una supuesta intervención divina habían de causar prueba plena. En la Edad Media y durante el Absolutismo la valoración de las pruebas se realizaba con arreglo a un complejo sistema de normas preestablecido.

9.5.4.2. Principio de libre valoración de la prueba

Frente a ello en el Estado Liberal surgió el principio de libre valoración, ligado a la institución del jurado, al cual no se le podía exigir el conocimiento de las normas sobre valoración de prueba, así se estableció la apreciación en conciencia de las pruebas.

Los procesos civiles en materia de valoración de la prueba no han respondido, en los últimos tiempos, a un único sistema, apreciándose una combinación de la prueba legal (interrogatorio de la parte (316 LEC) y documentos públicos (326 LEC.) y la prueba libre (todos los demás medios de prueba, dando lugar –afirma MONTERO AROCA– a un sistema de valoración de la prueba mixto.

En el proceso penal rige, por el contrario, el sistema de la libre valoración de la prueba (741 LECrim). La doctrina del TC en torno a la presunción de inocencia ha venido a desarrollar este precepto. Afirma GIMENO SENDRA, en esta cuestión, las normas esenciales siguientes las siguientes:

- La carga material de la prueba corresponde exclusivamente a las partes acusadoras y no a la defensa
- La prueba ha de practicarse en el juicio oral bajo la inmediación del Tribunal sentenciador, con la única excepción de la prueba anticipada o preconstituida
- No constituyen actos de prueba los atestados y demás actos de investigación de la policía judicial, que deben considerarse no como medio, sino como objeto de prueba. Tampoco las diligencias actuadas en test de alcoholemia pueden fundamentar por sí solas una sentencia condenatoria (SSTC 145/1984, de 28 de octubre; 22/1988, de 18 de febrero; 5/1989, de 2 de enero
- El Tribunal no puede fundamentar su sentencia en la prueba prohibida (11.2º LOPJ)
- El Tribunal tiene la obligación de razonar la prueba.

9.6. Principios del procedimiento

Estos principios, aunque en sus orígenes respondan a una determinada concepción económico–política, en la actualidad está influidos más bien por criterios prácticos: efectividad, seguridad o rapidez. Se refieren a la forma de la actuación procesal, a la índole de la comunicación entre las partes y el órgano jurisdiccional, de aquéllas entre sí y todos ellos con la sociedad, así como a la sucesión temporal de los actos procesales.

9.6.1. Forma de los actos procesales: oralidad y escritura

9.6.1.1. Principio de oralidad

El principio de oralidad no exige que todos los actos procesales sean realizados de forma verbal, se trata de soluciones extremas propias de otras épocas. Hoy este principio rige en la totalidad de los procedimientos penales y buena parte de los civiles de los países europeos, entendiéndose por tal el procedimiento en el que tan sólo el material procesal aportado oralmente al juicio puede ser apreciado en la decisión judicial; es decir, el procedimiento es oral si los fundamentos de la decisión jurisdiccional se constituyen mediante las alegaciones orales deducidas en el juicio; es escrito si se toma exclusivamente con arreglo al estado de las actas.

En el Derecho Procesal el principio de oralidad está constitucionalizado: el artículo 120.2º CE que no supone la absoluta consagración de la oralidad, sino el carácter «predominantemente» en materia penal.

La aprobación de la LEC ha supuesto, sin lugar a dudas, un notable reforzamiento del principio de oralidad en el procedimiento civil, básicamente en la fase de comparecencia del juicio verbal (443 LEC) y de la audiencia previa del juicio declarativo ordinario (414 LEC). El principio de oralidad está garantizado, en el ámbito del proceso penal, durante la celebración del juicio oral.

9.6.1.2. Principio de escritura

Dicho principio del procedimiento, desde el S.XII hasta el S.XIX regía este procedimiento, conlleva los actos procesales, que integran el procedimiento, se realizan de forma escrita. En realidad, como lo hace notar CHIOVENDA, es difícil concebir hoy un proceso oral que no admita en algún grado la escritura, ni un proceso escrito que no admita en algún grado la oralidad.

9.6.2. Relación entre el Tribunal y el material fáctico: inmediación y mediación

9.6.2.1. Principio de inmediación

Como consecuencia del principio de oralidad, también en la fase probatoria, surge el principio de inmediación. Según este principio el juez que debe pronunciar la sentencia ha haber asistido a la práctica de las pruebas de las que saca su convencimiento, tiene pues que haber entrado en relación directa con las partes, los testigos, los peritos y los objetos del juicio, para poder apreciar las declaraciones de tales personas y las condiciones de los sitios y cosas litigiosas, etc., fundándose para su decisión en la impresión inmediata recibida de ellos y no en referencias ajenas.

La inmediación tiene dos importantes implicaciones:

- El juez debe estimar preferentemente aquellos medios de prueba que se encuentran en la más directa relación con la afirmación del hecho objeto de la misma.
- La valoración de la prueba, además debe ser realizada lo más pronto posible, una vez finalizado el juicio. Los principios de oralidad e inmediación obligan a que la sentencia sea dictada también con inmediatez temporal, pues las impresiones y recuerdos se borran o desaparecen de la memoria de los miembros del tribunal.

En el Derecho positivo la inmediación rige en los procesos orales, es decir, en el penal, laboral y procedimiento ante el Tribunal de las Aguas de Valencia. Por el contrario, constituye una novedad destacada de la LEC la potenciación del principio de inmediación, rigiendo dicho principio en las declaraciones, pruebas y vistas. El artículo 137 LEC, subraya dicho principio, reforzando el mandato previsto en la legislación orgánica, al sancionar su infracción con nulidad de pleno derecho de las correspondientes actuaciones realizada sin respetar tal principio. El fundamento constitucional de la inmediación es el mismo que el de la oralidad: el artículo 120.2º CE, y el núm. 3º del mismo precepto que establece la obligación de que las sentencias “se pronuncien en audiencia pública”.

La inmediación tiene consecuencias positivas: posibilidad de realizar preguntas o pedir explicaciones, apreciar signos externos. Pero no todo son efectos positivos: determinadas investigaciones sociológicas han demostrados que la inmediación produce también un conjunto de inconscientes y recíprocas reacciones entre el acusado y el órgano jurisdiccional: el lenguaje y la cultura del acusado, su profesión, su vestido, sexo, maneras de gesticular, etc. La manera de aminorar los efectos de estos estímulos es hacerlos conscientes.

Las últimas reformas procesales fomentan la inmediación digital. La inmediación digital se refiere a la posibilidad de que la ciudadanía, entidades privadas o administraciones públicas, así como los profesionales que les representan, puedan comparecer telemáticamente en vistas judiciales, actos de conciliación ante Jueces o LAJ, entre otros.

Actualmente ya se están realizando algunas actuaciones judiciales mediante inmediación digital. Entre ellas: información general personalizada, apoderamientos apud acta, ratificaciones de mutuo acuerdo en materia de divorcio o separación o juntas de herederos.

El Real Decreto–Ley 16/2020, de 28 de abril, de medidas procesales y organizativas, para hacer frente a la COVID–19, estableció como vía preferente la celebración de vistas mediante presencia telemática de las partes.

9.6.2.2. Principio de mediación

El procedimiento regido por el principio de mediación implica la ausencia de contacto judicial con la práctica de la prueba, sentenciando el órgano jurisdiccional a partir de la lectura de las actas redactadas con ocasión de los distintos actos que integran el procedimiento, no estando presente en la ejecución de ninguno de los actos procesales.

9.6.3. Conocimiento de las actuaciones: secreto y publicidad

9.6.3.1. Principio de publicidad

Otro principio garante del justiciable es el principio de publicidad, que tiene una clara connotación política, pues aparece como una conquista del pensamiento liberal. Frente al procedimiento escrito de la época absolutista, el movimiento liberal opuso, en primer lugar, la publicidad del procedimiento como seguridad en contraposición a la justicia de gabinete y las manipulaciones gubernamentales, y en un momento posterior, como medio de fortalecimiento de la confianza del pueblo en los Tribunales y como instrumento de control de la Justicia. Decía Couture que la publicidad del proceso es «la esencia del sistema democrático de gobierno».

Para afirmar que un procedimiento es público, según Gimeno Sendra, es esencial atender a la práctica de la prueba: si ésta se realiza mediante la posibilidad de asistencia física, no sólo de las partes, sino de la sociedad en general, se tratará de un proceso público. Ciertamente cabe distinguir entre dos tipos de publicidad, en palabras de Chiovenda: «o como admisión de terceros (público) a asistir a las actuaciones procesales, o como necesidad de que todo acto procesal pueda ser apreciado por ambas partes». Se trata en definitiva de la distinción entre publicidad absoluta y publicidad relativa. La absoluta presupone la posibilidad de asistencia de cualquier miembro de la comunidad social a las actuaciones procesales, es una publicidad erga omnes, la «auténtica publicidad»; mientras que la relativa existe cuando tan sólo las partes en el proceso pueden tomar conocimiento de las actuaciones. Esta última más que manifestación del principio de publicidad, es más bien una consecuencia necesaria del principio de contradicción y audiencia.

La publicidad del procedimiento está proclamada en la CE en los artículos 24.2º y 120.1º y 3º, que deben ser complementadas por los artículos 14.1º PIDCP y 6.1º CEDH.

Esta idea late en la jurisprudencia del TEDH (SS de 23 junio 1994 –caso Moor–; 26 septiembre 1995 –caso Diennet–; 23 abril 1997 –caso Stallinger y Kuso– y 29 de septiembre de 1999 –caso Serré–, entre otras). A la cita de esos precedentes habrían de añadirse otras resoluciones recientes que destacan el papel del principio de publicidad como instrumento de control de la arbitrariedad judicial (SSTEDH de 5 de enero 2010 –caso Bongiorno–; 10 de diciembre 2009 –caso Shagin– 10 diciembre 2009 –caso Koottummel–).

El TS ha precisado que el derecho a un proceso público no puede identificarse con un derecho absoluto (SSTS Sala 2ª, de 1 de febrero de 2002, 5 de diciembre de 2002, 9 de noviembre de 2005 y 10 de diciembre de 2010). Así resulta de lo dispuesto al respecto por la DUDH y por los tratados internacionales sobre esta materia suscritos por España, conforme a los que deben interpretarse los derechos fundamentales reconocidos en nuestro texto constitucional, por imperativo del artículo 10.2 CE. En la misma línea se ha expresado la jurisprudencia constitucional (ATC 96/1981, de 30 de setiembre; SSTC 62/1982, de 15 de octubre; 96/1987 de 10 de junio y 176/1988, de 4 de octubre), confirmando la validez de las excepciones al principio de publicidad del proceso establecidas en los artículos 232 LOPJ y 680 LECrim. Por su similitud con el supuesto de hecho que ahora es objeto de nuestro examen, también resulta de obligada mención la STS Sala 5ª de 30 de marzo de 1998. En todos estos casos, el principio de publicidad, como presupuesto del derecho a un proceso con todas las garantías, aparece como un principio cuya vigencia puede ser sacrificada, siempre que resulte necesario para preservar otros valores e intereses que puedan converger legítimamente en los debates del juicio oral.

En el procedimiento civil, por la predominancia del principio de la escritura, el principio de publicidad sólo está parcialmente recogido en la fase probatoria, audiencias y juicio. Por otra parte, en la LECrim predomina el principio de secreto en la fase de instrucción, por la propia naturaleza de esta actividad investigadora (301 LECrim), si bien la regla es la publicidad relativa y directa de las partes personadas (302 LECrim y 234 LOPJ.). Pero la publicidad del sumario puede ser restringida mediante declaración judicial total o parcial del secreto de las actuaciones durante el plazo de un mes (302 LECrim). En cambio, el juicio oral está presidido por el principio de publicidad absoluta inmediata (608 LECrim, con las limitaciones trazadas en el mismo precepto y las de la «policía de vistas» de los artículos 684, 686 y 687 LECrim), constituyendo su infracción una causa de nulidad del juicio, pudiendo impugnarse en casación a través del artículo 5.4º LOPJ («infracción de precepto constitucional»).

La LO 5/2015, de 27 de abril, por la que se modifican la LECrim y la LOPJ, para transponer la Directiva 2010/64/UE, de 20 de octubre de 2010, relativa al derecho a interpretación y a traducción en los procesos penales y la Directiva 2012/13/UE, de 22 de mayo de 2012, relativa al derecho a la información en los procesos penales ha modificado el artículo 302 LECrim, señala que: "*Las partes personadas podrán tomar conocimiento de las actuaciones e intervenir en todas las diligencias del procedimiento. Sin embargo, de lo dispuesto en el párrafo anterior, si el delito fuere público, podrá el Juez de instrucción, a propuesta del Ministerio fiscal, de cualquiera de las partes personadas o de oficio, declararlo, mediante auto, total o parcialmente secreto para todas las partes personadas, por tiempo no superior a un mes cuando resulte necesario para:*

a) evitar un riesgo grave para la vida, libertad o integridad física de otra persona; o

b) prevenir una situación que pueda comprometer de forma grave el resultado de la investigación o del proceso.

El secreto del sumario deberá alzarse necesariamente con al menos diez días de antelación a la conclusión del sumario.".

9.6.4. Principios relativos al régimen de recursos

Los principios relativos al régimen de recursos son los de única instancia y doble instancia. Un ordenamiento procesal está informado por el principio de única instancia cuando, con independencia de los recursos especiales y extraordinarios, la sentencia no puede ser impugnada a través del recurso de apelación.

Por el contrario, está regido por la doble instancia o de doble grado de jurisdicción cuando las resoluciones definitivas pueden ser trasladadas a un tribunal superior, mediante la interposición del recurso de apelación. El principio de única instancia regía en los Códigos procesales decimonónicos y apareció de forma paralela a la instauración del jurado y a la libre valoración de la prueba. El de doble instancia es propio de los Códigos procesales penales más modernos y tiene su fundamento en la propia institución de la apelación, destinada a prevenir los errores judiciales.

El derecho a los recursos se encuentra proclamado en el artículo 2.1 del Protocolo núm. 7 al CEDH y en el artículo 14.5º PIDCP. Estas normas forman parte del ordenamiento interno a través del artículo 10.2º CE, en concreto, en relación a la interpretación del derecho al proceso debido o proceso con todas las garantías del artículo 24.2º CE, aunque el TC lo ha entendido incluido en el derecho a la tutela del artículo 24.1º CE

Este derecho se ciñe al proceso penal, es reclamable sólo frente a las sentencias (fallo condenatorio) y su titular exclusivo es el condenado. Su contenido se reconduce a someter a un Tribunal superior el fallo condenatorio y la pena, "*conforme a lo establecido por la ley*", se cumple por tanto este principio cuando al recurrente se le permite el acceso a la instancia legalmente preestablecida o al ejercicio de los recursos establecidos por la Ley, se infringe cuando la ley no prevé recurso alguno o no se admita el recurso de plano o invocando la ausencia de requisitos fácilmente subsanables. Pero este derecho no conlleva el exigir un recurso de una naturaleza determinada.

Tras la reforma de la LECrim por L 41/2015, de 5 de octubre, se procede a generalizar la segunda instancia, estableciendo la misma regulación actualmente prevista para la apelación de las sentencias dictadas por los Juzgados de lo Penal en el proceso abreviado, si bien adaptándola a las exigencias tanto constitucionales como europeas. También completa la regulación del recurso de apelación con nuevas previsiones legales relativas al error en la valoración de la prueba como fundamento del recurso y al contenido de la sentencia que el órgano «*ad quem*» podrá dictar en tales circunstancias.

9.6.5. Celeridad

El proceso, como instrumento de la jurisdicción y, por tanto, como vía para la satisfacción irrevocable de intereses socialmente reconocidos, debe desarrollarse en un tiempo razonablemente breve. La doctrina alemana ha elaborado en los últimos tiempos el denominado principio de aceleración del procedimiento que, con algunas reservas, puede ser trasladado al proceso español. En la actualidad este principio presenta tres manifestaciones:

a) desde la perspectiva de la legalidad ordinaria la celeridad del procedimiento ha de obtenerse mediante la adecuada combinación de los principios de preclusión, eventualidad y concentración del procedimiento;

b) desde el de la legislación constitucional constituye un verdadero derecho fundamental: «el derecho a un proceso sin dilaciones indebidas» (24.2º CE) y

c) desde el punto de vista de la política legislativa, al haberse convertido en uno de los postulados de la justicia social contemporánea ha de inspirar las reformas legislativas.

Una de las medidas para acelerar el proceso puede ser el concentrar sus actividades en un espacio de tiempo lo más corto posible. Es el principio de **concentración**. La doctrina distingue en este principio dos puntos de vista complementarios: el que se refiere a la actividad procedimental y el que atañe al contenido del proceso. El primero supone que los actos procesales se desarrollen en una sola audiencia, y si ello no es posible, en varias próximas temporalmente entre sí, de modo que el juez, en el momento de dictar sentencia, conserve en su memoria las manifestaciones realizadas por las partes y el resultado de las pruebas prácticas. Este es el aspecto de la concentración que subyace en el artículo 744 LECrim, y en la taxativa regulación de las causas de suspensión del juicio oral (746 LECrim). El segundo de los puntos de vista mencionados refiere la concentración a las cuestiones prejudiciales, previas e incidentales, evitando, en la medida de lo posible, su tratamiento separado y las impugnaciones con efecto suspensivo. Se intenta no paralizar o diferir el negocio principal, dotando al proceso de mayor utilidad y eficacia.

La concentración se encuentra prácticamente ausente en nuestro sistema procesal en aquellos procesos dominados por el principio de la escritura: en los procedimientos civiles, especialmente en el de mayor cuantía donde lo que impera es la dispersión. Son excepciones el proceso de trabajo y el del Tribunal de las Aguas. Por el contrario, el principio de concentración informa el proceso penal, tanto en su fase instructora como en el juicio oral.

Tema 10. Los actos procesales

Concepción Iglesias García

10.1. Concepto

El proceso está constituido por una sucesión de actos procesales, es decir, de acontecimientos voluntarios que tienen una incidencia directa o indirecta en su nacimiento, desarrollo y conclusión. No deben confundirse con los hechos procesales, que, a diferencia de aquellos, son acontecimientos involuntarios con trascendencia en el proceso (enfermedad algún miembro del Tribunal o el defensor de cualquiera de las partes etc. –746.4º LECrim–).

Debe tenerse en cuenta que puede haber actos con trascendencia procesal que sin embargo no sean actos procesales (otorgamiento de poderes), que existen actos fuera del proceso que son actos procesales (pacto de sumisión), y que determinados actos procesales pueden producir efectos extraprocesales. (demanda).

Estos actos no son libres, están reglados, sometidos a diversos requisitos establecidos en la Ley.

10.2. Requisitos

Los requisitos de los actos procesales van referidos a los sujetos, al objeto y a la forma.

10.2.1. Subjetivos

Los requisitos **subjetivos** se refieren a la aptitud necesaria de quienes realicen actos procesales. En relación al órgano jurisdiccional son la potestad jurisdiccional y competencia objetiva, funcional y territorial. Respecto a las partes, la capacidad procesal, la capacidad para ser parte y la legitimación, además de la postulación (Lección 8), salvo que la ley disponga otra cosa.

10.2.2. Objetivos

El acto procesal debe ser realizado libre y conscientemente (voluntariedad). Los vicios en la voluntad de quienes realizan o son destinatarios de los mismos pueden dar lugar a ser revisados, aclarados o en los supuestos más graves a una declaración de nulidad (238.2º–239 LOPJ).

Debe además ser posible física y materialmente y perseguir el fin previsto por las normas para esa clase de actos (Posibilidad–Idoneidad–Causa).

10.2.3. Formales

10.2.3.1. <u>Lugar (268–269 LOPJ y 129 LEC)</u>

Las actuaciones judiciales, se practicarán en la sede de la Oficina judicial del órgano jurisdiccional, salvo que por su naturaleza deban de practicarse en otro lugar

Salvo las excepciones previstas en el art 129 bis LEC, constituido el Juzgado o Tribunal en su sede, en general todos los actos procesales, se realizarán preferentemente mediante presencia telemática, siempre que las oficinas judiciales tengan a su disposición los medios técnicos necesarios para ello. La intervención mediante presencia telemática se practicará siempre a través de punto de acceso seguro, de conformidad con la normativa que regule el uso de la tecnología en la Administración de Justicia.

Si fuera necesario o conveniente para la buena administración de justicia, podrán los tribunales constituirse en cualquier lugar del territorio de su circunscripción. Las actuaciones que deban realizarse fuera del partido judicial de la sede del tribunal se practicaran cuando proceda mediante videoconferencia, y si no es posible deberá acudirse al auxilio judicial.

No obstante, podrán celebrar vistas o juicios fuera de su sede cuando así lo autorice la ley; constituirse fuera de su sede, pero dentro de su circunscripción, para despachar asuntos correspondientes a un determinado ámbito territorial, si las circunstancias o el buen servicio de la Administración de Justicia lo aconsejen, y así lo dispone el CGPJ, previa petición de delas Salas de Gobierno de los Tribunales Superiores de Justicia.

Cuando esté justificado el desplazamiento, las Salas de Gobierno de los Tribunales Superiores de Justicia dispondrán que los Jueces de lo Penal, asistidos del LAJ, se constituyan para celebrar Juicios Orales en las ciudades de la Sede de los Juzgados que hayan instruido la causa.

Las diligencias de instrucción penal, si resultara conveniente podrán ser realizadas en cualquier lugar no comprendido en su territorio, si se hallare próximo, dando inmediata noticia al juez competente.

10.2.3.2. <u>Tiempo (179–185 LOPJ–130–136 LEC)</u>

El periodo ordinario de actividad de los Tribunal es el año judicial: desde el 1 de septiembre, o el siguiente día hábil, hasta el 31 de julio de cada año natural, constituye el periodo ordinario de actividad de los tribunales

Las actuaciones judiciales, sin perjuicio de lo establecido para las actuaciones electrónicas, deberán realizarse en días y horas hábiles:

- Son días hábiles todos los del año, a excepción de los sábados y domingos, los días desde el 24 de diciembre hasta el 6 de enero del año siguiente (ambos inclusive), los días de fiesta nacional y los festivos a efectos laborales en la respectiva comunidad autónoma o localidad, y los días del mes de agosto.
- Son horas hábiles desde las ocho de la mañana a las ocho de la tarde, salvo que la ley disponga lo contrario. Tratándose de actos de comunicación y ejecución se considerarán también horas hábiles las que transcurren desde las ocho hasta las diez de la noche.
- Sin necesidad de habilitación especial serán hábiles todos las horas y días del año para la instrucción de las causas criminales, y los días del mes de agosto para las actuaciones que se declaren urgentes por las leyes procesales (la demora en su realización pueda causar grave perjuicio a los interesados o a la buena administración de justicia, o provocar la ineficacia de una resolución judicial).
- Podrán habilitarse días y horas inhábiles con sujeción a lo dispuesto en las leyes procesales (131 LEC), y en lo no previsto expresamente en aquellas, por el CGPJ mediante Reglamento

Las actuaciones del proceso deberán practicarse en el día y hora señalado (término) o dentro de los plazos establecidos (periodo de tiempo) en las leyes. Si no tuvieran fijado ni plazo ni término, se entenderá que han de practicarse sin dilación.

Los plazos se computarán con arreglo a lo dispuesto en el CC: en los señalados por días se excluirán los inhábiles; en los señalados por meses o por años se computarán de fecha a fecha, a partir del día siguiente de su comunicación y se contará en ellos el día del vencimiento, que expirará a las veinticuatro horas. Si en el mes del vencimiento no hubiera día equivalente a la inicial del cómputo, se entenderá que expira el último del mes y si el último día de plazo fuera inhábil, se entenderá prorrogado al primer día hábil siguiente. Cuando se señale un plazo que comience a correr desde la finalización de otro, aquél se computará, desde el día siguiente al del vencimiento de éste, sin necesidad de nueva notificación,

Los plazos establecidos en la ley son:

- Improrrogables, sin perjuicio de su interrupción o demora cuando mediante Decreto el LAJ aprecie de oficio o a instancia de parte, fuerza mayor que impida cumplirlos, reanudándose su cómputo cuando cese la causa de interrupción o demora; o cuando por los Colegios de Abogados o Procuradores o por las partes personadas se comuniquen causas objetivas de fuerza mayor que afecten a la persona profesional de la abogacía o de la procura, en los términos del art 134–3 LEC

- Preclusivos, de modo que transcurrido el plazo o pasado el término señalado las partes ya no podrán realizarlo, y si lo hacen no producen efectos (plazos propios); tratándose de actos realizados fuera de plazo, por los tribunales y personal al servicio de la Administración de Justicia producirán efectos (plazos impropios), sin perjuicio de su corrección disciplinaria si no concurre justa causa y del derecho de la parte perjudicada para exigir las correspondientes responsabilidades (132.3 LEC).

La presentación de escritos y documentos, cualquiera que fuera la forma, si estuviere sujeta a plazo, podrá efectuarse hasta las quince horas del día hábil siguiente al del vencimiento del plazo.

Los escritos y documentos en formato electrónico podrán presentarse todos los días del año durante las veinticuatro horas. Si la presentación tiene lugar en día u hora inhábil a efectos procesales, se entenderá efectuada el primer día y hora hábil siguiente.

No siendo posible la presentación de escritos dentro de plazo por interrupción no planificada del servicio de comunicaciones telemáticas o electrónicas se informará de esta circunstancia y de los efectos de la suspensión al usuario, con indicación expresa, de la prórroga de los plazos de inminente vencimiento, a los efectos de que pueda proceder a su presentación en la oficina judicial el primer día hábil siguiente acompañando el justificante de dicha interrupción. Si la interrupción es planificada se anunciará con suficiente antelación, informando de los medios alternativos de presentación que procedan.

Si es insuficiente el servicio de comunicaciones telemáticas o electrónicas para la presentación de los escritos o documentos, se presentarán en soporte electrónico en la oficina judicial el día siguiente hábil, junto con el justificante expedido por el servidor de haber intentado la presentación sin éxito.

10.2.3.3. Forma

a) Oralidad–escritura (120 CE, 229 y 230 LOPJ)

Los actos procesales podrán realizarse oralmente o por escrito. La regla general en nuestro ordenamiento es la oralidad, si bien no existe un procedimiento totalmente escrito o totalmente oral (120 Constitución y 229 LOPJ), y ello sin perjuicio, de que las actuaciones orales se documenten por escrito por medio de actas y diligencias (146 LEC) o mediante sistemas de grabación y reproducción de la imagen y el sonido, garantizando la autenticidad e integridad de lo grabado o reproducido haciendo uso el letrado o letrada de la Administración de Justicia de la firma electrónica u otro sistema de seguridad que conforme a la ley ofrezca tales garantías, (147 LEC).

Las declaraciones, interrogatorios, testimonios, careos, exploraciones, informes, ratificación de los periciales y vistas, se llevarán a efecto ante juez o tribunal con presencia o intervención, en su caso, de las partes y en audiencia pública, salvo lo dispuesto en la ley.

Estas actuaciones podrán realizarse a través de videoconferencia o sistema similar, asegurando en todo caso la posibilidad de contradicción de las partes y la salvaguarda del derecho de defensa, de conformidad con las leyes procesales y la ley que regule el uso de las tecnologías en la Administración de Justicia. En estos casos, la identidad de las personas que intervengan a través de la videoconferencia podrá acreditarse por los medios de identificación y firma electrónica que se determinen por la ley que regule el uso de las tecnologías en la Administración de Justicia, respetándose lo establecido en las leyes procesales.

Los juzgados y tribunales y las fiscalías están obligados a utilizar cualesquiera medios técnicos, electrónicos, informáticos y telemáticos, puestos a su disposición para el desarrollo de su actividad y ejercicio de sus funciones, con las limitaciones establecidas en la LOPJ y la normativa orgánica de protección de datos personales.

Las actuaciones orales y vistas grabadas y documentadas en soporte digital no podrán transcribirse, salvo en los casos expresamente previstos en la ley (art 230 LOPJ).

b) Lengua (231 LOPJ y 142–144 LEC)

Los actos procesales se realizarán en castellano, lengua oficial del Estado.

Podrá usarse la lengua oficial de una CA:

- Por Jueces, Magistrados, Letrados de la Administración de Justicia, Fiscales y demás funcionarios de Juzgados y Tribunales si ninguna de las partes se opusiere, alegando desconocimiento de ella que pudiere producir indefensión.
- Por las partes, sus procuradores y abogados, los testigos y peritos, tanto en manifestaciones orales como escritas.

Las actuaciones y documentos en el idioma oficial de una CA serán traducidos de oficio: si han de surtir efecto fuera de la CA; cuando así lo dispongan las leyes; o a instancia de parte que alegue indefensión. En las actuaciones orales, el tribunal podrá habilitar como intérprete a cualquier persona conocedora de la lengua empleada, previo juramento o promesa de fiel traducción.

Cuando los documentos lo sean en un idioma extranjero, se acompañará la traducción del mismo, si fuera impugnada se ordenará su traducción oficial a costa de quien lo hubiese presentado. Pero si la traducción oficial es sustancialmente idéntica a la privada, los gastos derivados de aquélla correrán a cargo de quien la solicitó.

c) Publicidad (24–120 C,–232–236 LOPJ y138–141 LEC):
Las actuaciones judiciales serán públicas con las excepciones que prevean las leyes de procedimiento (120 CE, 232 LOPJ y 138 LEC).

Existen excepciones a dicha regla, bien porque así se dispone en la ley (p.ej. 139 LEC), o bien porque así se acuerde en resolución motivada por Jueces y Tribunales por razones de orden público y de protección de los derechos y libertades.

Los Letrados de la Administración de Justicia y funcionarios competentes de la oficina judicial y de la Oficina fiscal facilitarán a los interesados cuanta información soliciten sobre el estado de las actuaciones procesales, que podrán examinar y conocer, salvo que sean o hubieren sido declaradas secretas o reservadas conforme a la ley.

Las partes y cualquier persona que acredite un interés legítimo y directo tendrán derecho a acceder a la información existente en los procedimientos judiciales y a consultar, en la forma dispuesta en las leyes procesales y, en su caso, en la ley que regule el uso de las tecnologías en la Administración de Justicia, los escritos y documentos que consten en los autos, no declarados secretos ni reservados. También tendrán derecho a que se les expidan los testimonios y certificados en los casos y a través del cauce establecido en las leyes procesales

Nulidad de pleno derecho

Sin olvidar la vigencia del principio de máxima conservación de los actos: la nulidad de un acto no implica la de los sucesivos que fueren independientes de aquél, ni la de aquéllos cuyo contenido hubiese permanecido invariado aún sin haberse cometido la infracción que dio lugar a la nulidad. Y que debe cuidar el Tribunal y el Letrado de la Administración de Justicia, que puedan ser subsanados los defectos en que incurran los actos procesales de las partes.

Nos centramos en la nulidad de pleno derecho.

10.2.4. Causas

Son nulos de pleno derecho los actos procesales realizados

- Con falta de jurisdicción o de competencia objetiva o funcional.
- Bajo violencia o intimidación; en estos casos, los tribunales tan pronto como se vean libres de ella, declararán nulo todo lo practicado y promoverán la formación de causa contra los culpables, poniéndolo en conocimiento del Ministerio Fiscal. Los actos bajo intimidación o violencia de las partes o de personas que intervengan en el proceso, se declararán nulos. La nulidad de estos actos entrañará la de todos los demás relacionados con él o que pudieren haberse visto condicionados o influidos sustancialmente por el acto nulo.
- Prescindiendo de las normas esenciales del procedimiento, que, cause indefensión
- Sin intervención de abogado, cuando sea obligatoria o se celebren vistas sin la preceptiva intervención del Letrado de la Administración de Justicia.
- Cuando se resuelvan mediante diligencias de ordenación o decreto cuestiones cuando, hayan de ser resueltas por medio de providencia, auto o sentencia
- Cuando lo establezca la ley.

10.2.5. Declaración de nulidad

Antes de la resolución que ponga fin al proceso: el Tribunal de oficio o a instancia de parte, cuando no proceda la subsanación, podrá declarar, previa audiencia de las partes, la nulidad de todas o alguna de las actuaciones.

Tras la resolución definitiva que ponga fin al proceso: por medio de los recursos legalmente establecidos, puede hacerse valer la nulidad y los defectos de forma en los actos procesales que impliquen ausencia de los requisitos indispensables para alcanzar su fin o determinen efectiva indefensión. El Tribunal con ocasión de un recurso podrá decretar de oficio la nulidad de actuaciones no solicitada, sólo cuando apreciará falta de jurisdicción o de competencia objetiva o funcional o se hubiese producido violencia o intimidación que afectare a ese tribunal.

Tras la firmeza de la sentencia, y siempre que no se haya podido denunciar con anterioridad, se puede hacer valer a través del Incidente excepcional de nulidad de actuaciones ante Tribunal que dictó la resolución que hubiere adquirido firmeza. Quienes sean parte legítima o hubieran debido serlo, pueden en el plazo de veinte días, desde la notificación de la resolución o, en todo caso, desde que se tuvo conocimiento del defecto causante de indefensión,(no transcurridos cinco años desde la notificación de la resolución) , plantear por escrito al que se acompañaran los documentos que acrediten el vicio o defecto, que se declare la nulidad de actuaciones fundada en cualquier vulneración de un derecho fundamental de los referidos en el artículo 53.2 CE.

Admitido a trámite, salvo que expresamente se acuerde otra cosa, no suspenderá la ejecución y eficacia de la sentencia o resolución irrecurribles. Se dará traslado del escrito y documentos a las demás partes, para que en el plazo común de cinco días formulen su escrito de alegaciones.

Si el Tribunal estima la nulidad: se repondrán las actuaciones al estado inmediatamente anterior al defecto que la haya originado y se seguirá el procedimiento legalmente establecido. Si la desestima, mediante auto se condenará, al solicitante en todas las costas del incidente y, si apreciara temeridad, le impondrá, una multa de noventa a seiscientos euros. Contra la resolución que resuelva el incidente no cabrá recurso alguno.

10.3. Clases

Los actos procesales son, fundamentalmente, de las partes, del órgano jurisdiccional y del LAJ.

10.3.1. Actos de las partes

Los actos de las partes pueden ser:

Actos de petición, a través de los cuales se solicita al Juez que dicte una resolución, ya sea de fondo o meramente formales (de contenido eminentemente procesal).

Actos de alegación mediante los que las partes aportan al proceso las afirmaciones de hecho y de derecho, en las que fundamentan la resolución pedida.

Actos de prueba encaminados a convencer al Juez de la realidad de las afirmaciones que sobre los hechos han realizado las partes. Comprenden tanto actos de proposición de prueba, como los de petición del recibimiento del pleito a prueba, y los de práctica de la prueba.

Actos de conclusión que tienden a poner de manifiesto los extremos de la prueba practicada o, en general, aquellos que puedan resultar de la actividad procesal.

10.3.2. Actos del órgano jurisdiccional.

Jueces y Magistrados realizan a lo largo del proceso diversos actos (dirige los debates, concede la palabra a las partes, etc.), pero nos referimos aquí fundamentalmente a las resoluciones judiciales de carácter jurisdiccional, que adoptarán la forma de:

Providencias: cuando tengan por objeto la ordenación material del proceso; o cuando la resolución se refiera a cuestiones procesales que requieran una decisión judicial por así establecerlo la ley, siempre que en tales casos no exigiera expresamente la forma de auto. La regla general es que no requieren motivación, pero podrán ser sucintamente motivadas cuando así lo disponga la ley o quien haya de dictarlas lo estime conveniente

Autos: cuando decidan recursos contra providencias o decretos, cuando se resuelva sobre admisión o inadmisión de demanda, reconvención, acumulación de acciones, admisión o inadmisión de la prueba, aprobación judicial de transacciones, acuerdos de mediación y convenios, medidas cautelares y nulidad o validez de las actuaciones. Las resoluciones que versen sobre presupuestos procesales, anotaciones e inscripciones registrales y cuestiones incidentales, siempre que en tales casos la ley exigiera decisión del Tribunal, así como las que pongan fin a las actuaciones de una instancia o recurso antes de que concluya su tramitación ordinaria, salvo que la ley disponga finalicen por decreto, y el recurso de casación en los casos previstos en el art 487.1 LEC.

Serán siempre fundados, y contendrán en párrafos separados y numerados los antecedentes de hecho y los fundamentos de derecho en los que se base la subsiguiente parte dispositiva o fallo

Sentencias: cuando decidan definitivamente el pleito o causa en cualquier instancia o recurso, o cuando, según las leyes procesales, deban revestir esta forma. Serán firmes y se consignarán en un documento público y solemne que se denomina ejecutoria, aquellas sentencias contra las que no quepa recurso alguno, por no preverlo la ley o por trascurso del plazo legalmente fijado sin que ninguna de las partes lo haya presentado; a salvo lo dispuesto respecto al recurso de revisión u otros excepcional establecidos en la ley.

Serán procesales o de absolución en la instancia si no entran a resolver sobre el fondo del asunto, por falta de algún presupuesto procesal o incumplimiento de requisito insubsanable o de fondo

Las sentencias se dictarán por escrito, pero si la ley lo prevé podrá hacerse oralmente, en el plazo establecido, previa deliberación y votación secretas, en el caso de que sean dictadas por Tribunales, adoptándose (salvo que la ley señale una mayor proporción) por mayoría absoluta de votos, permitiendo que se formule voto particular por el o los participantes que disienten de la mayoría.

Si no se obtuviera la mayoría requerida sobre cualquier de pronunciamientos de hecho o de derecho, volverá a discutirse y votarse sobre los puntos discrepantes. Y si no se obtuviera acuerdo, se celebrará nueva vista, con los Magistrados de la primera, aumentándose dos más, si es impar el número de discordantes, y tres si es par.

Se formularán expresando:

- El **encabezamiento**: nombres de las partes, cuando sea necesario, la legitimación y representación en virtud de las cuales actúen, así como los nombres de los abogados y procuradores y el objeto del juicio.
- En párrafos separados y numerados, los **antecedentes de hecho**: se consignarán, con la claridad y concisión, las pretensiones de las partes o interesados, los hechos alegados relacionados con las cuestiones a resolver; las pruebas propuestas y practicadas, y los **hechos probados**, en su caso.
- En párrafos separados y numerados los **fundamentos de derecho**: expresarán, los puntos de hecho y de derecho fijados por las partes y los que ofrezcan las cuestiones controvertidas, dando las razones y fundamentos legales del fallo que haya de dictarse, con expresión concreta de las normas jurídicas aplicables al caso
- El **fallo**: donde salvo que la ley disponga otra cosa, se decidirá el asunto en virtud de las aportaciones de hechos, pruebas y pretensiones de las partes. Contendrá, numerados, los pronunciamientos correspondientes a las pretensiones de las partes, aunque la estimación o desestimación de todas o algunas de dichas pretensiones pudiera deducirse de los fundamentos jurídicos, así como el pronunciamiento sobre las costas. También determinará, en su caso, la cantidad objeto de la condena.
- Incluirán lugar, fecha y firma por el Juez, Magistrado o Magistrados que las dicten. Una vez firmadas los tribunales no podrán variarlas, pero sí aclarar algún concepto oscuro y rectificar cualquier error material de que adolezcan en los términos previstos en la ley (267 LOPJ y 214 y ss. LEC).
- También expresarán si la misma es firme o si cabe algún recurso contra ella, con expresión, en este último caso, del recurso que proceda, del órgano ante el que debe interponerse y del plazo para recurrir.

Las sentencias habrán de ser claras, precisas y congruentes con las demandas y con las demás pretensiones de las partes, deducidas oportunamente en el pleito. Harán las declaraciones que aquéllas exijan, condenando o absolviendo al demandado y decidiendo todos los puntos litigiosos que hayan sido objeto del debate.

Así mismo, las sentencias han de ser motivadas expresando los razonamientos fácticos y jurídicos que conducen a la apreciación y valoración de las pruebas, así como a la aplicación e interpretación del derecho.

Motivación que deberá incidir en los distintos elementos fácticos y jurídicos del pleito, considerados individualmente y en conjunto, ajustándose siempre a las reglas de la lógica y de la razón.

10.3.3. Actos del LAJ

Los LAJ, como depositarios de la fe pública judicial, realizan diversos actos que, en atención a su finalidad pueden ser, fundamentalmente, de documentación, de conservación y custodia y de dación de cuenta. En el desarrollo de sus funciones, puede dictar diligencias y decretos. Las diligencias pueden ser, a su vez, de ordenación, de comunicación, de constancia o de ejecución. Los decretos son resoluciones motivadas que han de utilizarse para admitir la demanda, poner término al procedimiento del que tenga atribuida exclusiva competencia, y, en cualquier clase de procedimiento, cuando sea preciso o conveniente razonar su decisión.

10.4. Actos de comunicación

Dado que en el ejercicio de sus funciones, Jueces y Tribunales se relacionan con otras personas (partes, terceros o interesados) y otros órganos e instituciones (otros tribunales, o entidades públicas), hacen que sean necesarios los actos de comunicación, que se realizan bajo la dirección del LAJ, pero se ejecutan por los funcionarios del Cuerpo de Auxilio Judicial o por el procurador de la parte que lo solicite, bien en el escrito que inicia un procedimiento judicial, bien en el escrito de personación (152 LEC).

10.4.1. Actos de comunicación con las partes y otros sujetos

10.4.1.1. Clases de actos de comunicación

Los actos de comunicación pueden ser:

- Notificaciones, cuando comunican una resolución o actuación del Juez o del Letrado de la Administración de Justicia, sea a las partes en el proceso, a las personas que puedan verse afectadas por la resolución que ponga fin al procedimiento, o a terceros. Deberán realizarse en el plazo de 3 días desde su fecha o publicación; salvo que se trate de la comunicación a las Administraciones, Ministerio Fiscal o sean practicados a través de los servicios de notificaciones organizados por los Colegios de Procuradores etc., que se tendrán por realizados el día siguiente hábil a la fecha de recepción.
- Emplazamientos, a través de los cuales se comunica a las partes una resolución donde se abre un plazo para personarse y para actuar.
- Citaciones, cuando determinen lugar, fecha y hora para comparecer y actuar.
- Requerimientos, para ordenar al requerido, una conducta o inactividad.

- Mandamientos, para ordenar el libramiento de certificaciones o testimonios y la práctica de cualquier actuación cuya ejecución corresponda a los Registradores de la Propiedad, Mercantiles, de Buques, de ventas a plazos de bienes muebles, notarios, o funcionarios al servicio de la Administración de Justicia.
- Oficios, para las comunicaciones con autoridades no judiciales y funcionarios distintos de los mencionados en el número anterior.

10.4.1.2. Forma de los actos de comunicación

Los actos de comunicación deben realizarse a través de los medios y con los requisitos exigidos por las leyes procesales, teniendo en cuenta que la relevancia de tales exigencias descansa en la necesidad de acreditar y dejar constancia que la comunicación ha llegado a su destinatario.

Los actos de comunicación pueden realizarse a través del procurador que represente a las partes en juicio (153 LEC), en la sede del órgano jurisdiccional o en el servicio común organizado por el Colegio de Procuradores, habiéndose generalizado la utilización de medios telemáticos o electrónicos, si bien también es posible la utilización de soporte en papel.

Si las partes aún no se han personado o no están representadas por procurador o procuradora venga obligadas legal o contractualmente a relacionarse electrónicamente con la Administración de Justicia, el acto de comunicación se realizará por medios electrónicos (art.162 de la Ley de Enjuiciamiento Civil), pero si el acto de comunicación tuviese por objeto el primer emplazamiento o citación, o la realización o intervención personal de las partes en determinadas actuaciones procesales, y transcurrieran tres días sin que el destinatario acceda a su contenido, se procederá a la comunicación domiciliaria. Si esta segunda comunicación resultara infructuosa, se procederá a su publicación en el Tablón Edictal Judicial Único.

Cuando no sea preceptiva la intervención de procurador o éste no se hubiera aún personado, la comunicación se realizará mediante correo certificado o telegrama con acuse de recibo enviado al domicilio del destinatario, o por cualquier otro medio que permita dejar constancia fehaciente de haberse recibido la notificación, de la fecha de recepción y del contenido de lo remitido; corresponde al LAJ dar fe de la remisión y del contenido de lo remitido uniendo en su caso el acuse de recibo o el medio a través del cual quede constancia de la recepción (160.1 LEC).

Si el destinatario tiene domicilio en el partido judicial de la sede del tribunal, no tratándose de comunicaciones de las que dependa personación, realización o intervención personal en las actuaciones, podrá remitirse cédula de emplazamiento en la que se hará constar el objeto para el que se requiere, el procedimiento y el asunto a que se refiere, y la advertencia de si no comparece, sin causa justificada, dentro del plazo señalado, se tendrá por hecha la comunicación de que se trate o por efectuado el traslado.

Para la realización de actos de comunicación, a elección del ciudadano, podrán utilizarse los sistemas de identificación previstos en la Ley reguladora del uso de tecnologías en la administración de justicia.

Con independencia del medio por el que se realice el acto de comunicación, los órganos de la Administración de Justicia enviarán un aviso al dispositivo electrónico de su destinatario o a la dirección de correo electrónico que les conste, informándole de la puesta a su disposición del acto de comunicación en la sede judicial electrónica o en la dirección electrónica habilitada única. La falta de práctica de este aviso no impedirá que el acto de comunicación sea considerado plenamente válido.

Cuando las oficinas judiciales, los profesionales y destinatarios opten o estén obligados se realizarán los actos de comunicación por medios electrónicos, infotelecomunicaciones y similares, siempre que esté garantizada la autenticidad de la comunicación y de su contenido, quede constancia fehaciente de la remisión y recepción íntegras y del momento en que se hicieron, mediante el correspondiente resguardo acreditativo. No se practicarán actos de comunicación a los profesionales por este medio durante los días del mes de agosto; ni durante los días que median ente el 24 de diciembre y el 6 de enero del año siguiente; salvo que sean hábiles para las actuaciones que corresponda.

Se entenderá que la comunicación ha sido efectuada legalmente, desplegando plenamente sus efectos, cuando constando la correcta remisión por dichos medios, transcurrieran tres días sin que el destinatario acceda a su contenido, salvo que el mismo justificara la falta de acceso al sistema de notificaciones durante ese periodo. Si la falta de acceso se debiera a causas técnicas y éstas persistiesen, el acto de comunicación se practicará mediante entrega de copia de la resolución. La notificación se entenderá válidamente recibida en el momento en que conste la posibilidad de acceso al sistema. No obstante, caso de producirse el acceso transcurrido dicho plazo, pero antes de efectuada la comunicación mediante entrega, se entenderá válidamente realizada la comunicación en la fecha que conste en el resguardo acreditativo de su recepción.

Cuando la autenticidad de resoluciones, documentos, dictámenes o informes presentados o transmitidos sólo pudiera ser reconocida o verificada mediante su examen directo o por otros procedimientos, podrán ser presentados en soporte electrónico mediante imágenes digitalizadas, salvo que alguna de las partes, el tribunal (en los procesos de familia, incapacidad o filiación), o el MF, solicitasen, su aportación en soporte papel original.

La comunicación personal mediante entrega de cédula de emplazamiento o citación en el domicilio de los destinatarios se utilizará cuando las partes no actúen representadas por procurador, cuando se trate del primer emplazamiento o citación al demandado, o cuando se trate de comunicaciones a testigos, peritos y otras personas que, sin ser parte en el juicio, deban intervenir. La entrega se documentará por medio de diligencia que será firmada por el funcionario o Procurador que la efectúe y por la persona a quien se haga, cuyo nombre se hará constar.

Si el destinatario no se encontrara en el domicilio, podrá efectuarse la entrega, en sobre cerrado, a cualquier empleado, familiar o persona con la que conviva, mayor de catorce años, que se encuentre en ese lugar, o al conserje de la finca, si lo tuviere, advirtiendo al receptor que está obligado a entregar la copia de la resolución o la cédula al destinatario de ésta, o a darle aviso, si sabe su paradero, advirtiéndole de su responsabilidad en relación a la protección de los datos del destinatario.

Si la comunicación se dirigiere al lugar de trabajo no ocasional, en ausencia del destinatario, la entrega se efectuará a persona que manifieste conocer a aquél o, si existiere dependencia encargada de recibir documentos u objetos, a quien estuviere a cargo de ella, con las mismas advertencias.

Si el destinatario se niega a recibir la copia de la resolución o la cédula o no quiera firmar la diligencia acreditativa de la entrega, el funcionario o procurador le hará que aquella queda a su disposición en la oficina judicial, produciéndose los efectos de la comunicación.

La comunicación edictal tiene carácter supletorio para cuando no pudiera efectuar la comunicación por los anteriores medios (164 LEC), en cuyo caso, el letrado o letrada de la Administración de Justica, mandará que se haga la comunicación, a través del Tablón Edictal Judicial Único salvaguardando en todo caso los derechos e intereses de menores,

Nulidad y subsanación de los actos de comunicación.

Serán nulos los actos de comunicación que no se practicarán conforme a lo dispuesto en la ley causando indefensión; sin perjuicio de que pueda surtir todos sus efectos cuando la persona notificada, citada, emplazada o requerida se hubiera dado por enterada en el asunto, y no denunciase la nulidad de la diligencia en su primer acto de comparecencia ante el tribunal.

10.4.2. Actos de comunicación con otros órganos jurisdiccionales

La comunicación entre los distintos órganos judiciales en el ejercicio de su función jurisdiccional se realiza a través del denominado auxilio judicial, que puede tener contenido muy variado. Con carácter general se distingue el auxilio judicial interno y el internacional.

10.4.2.1. Auxilio judicial interno:

Es el que están obligados a prestarse los tribunales en las actuaciones que, habiendo sido ordenadas por uno, requieran la colaboración de otro para su práctica (169.1 LEC; 273 LOPJ). Podrá pedirse para las actuaciones que hayan de practicarse fuera del término municipal en que tenga su sede el tribunal que las haya ordenado, pero dentro del partido judicial o circunscripción correspondiente. Y se recabará necesariamente cuando debiere practicarse una diligencia fuera de la circunscripción del Juzgado o Tribunal que la hubiere ordenado o ésta fuere de la específica competencia de otro Juzgado o Tribunal (169,2 y 3 LEC).

El auxilio judicial se solicitará por el Tribunal que lo requiera mediante exhorto expedido y autorizado por el LAJ a la Oficina judicial del que deba prestarlo, remitiéndose directamente al órgano exhortado por medio del sistema informático judicial o cualquier otro medio telemático o electrónico, salvo los supuestos en los que deba realizarse en soporte papel por ir el acto acompañado de elementos que no sean susceptibles de conversión en formato electrónico. En él se designará los tribunales exhortante y exhortado; asunto que motiva su expedición; personas que sean parte en el asunto, sus representantes y defensores; actuaciones cuya práctica se interesa y si estas han de practicarse dentro de un plazo, fecha en la que éste finaliza, documentos que se acompañan.

La solicitud podrá transmitirse y cumplirse, sin necesidad de exhorto, por los medios electrónicos que se habiliten al efecto que, deberán asegurar la identificación del órgano transmisor y receptor, así como del momento y contenido de la solicitud y de la transmisión, en los casos en que el auxilio judicial tenga por objeto la petición de datos o documentos que obren en expedientes judiciales electrónicos o metadatados en sistemas electrónicos de otros órganos de la Administración de Justicia, siempre que los medios electrónicos a disposición de los órganos implicados lo permitan

Tampoco será preceptivo el exhorto en las actuaciones procesales que hayan de celebrarse con participación telemática de todos o algunos de los intervinientes desde una oficina judicial.

La Oficina judicial del que deba prestar el auxilio judicial dispondrá su cumplimiento y lo necesario para que se practiquen las actuaciones que en él se interesen dentro del plazo señalado. Cuando no ocurriere así, el LAJ del órgano exhortante, de oficio o a instancia de parte, recordará al exhortado la urgencia del cumplimiento y si la situación persiste, el órgano para el que se haya solicitado el auxilio pondrá los hechos en conocimiento de la Sala de Gobierno correspondiente al Tribunal exhortado.

Cumplimentado el exhorto, se comunicará al exhortante por medio del sistema informático judicial, por cualquier otro medio telemático o electrónico, en su defecto por correo certificado o entrega al litigante o al procurador al que se hubiere encomendado la gestión del exhorto, que las presentará en el órgano exhortante dentro de los diez días siguientes.

10.4.2.2. Auxilio judicial internacional

Tiene lugar cuando se requiere por un órgano jurisdiccional español a uno extranjero (activo) o por uno extranjero a uno español (pasivo).

Los exhortos a Tribunales extranjeros se dirigirán por la vía diplomática y se tramitarán de conformidad con lo previsto en los Tratados internacionales, las normas de la UE y las leyes españolas que resulten de aplicación, a través de comisiones rogatorias, bien en comunicación directa entre órganos judiciales o bien por vía diplomática o consular

En caso de auxilio pasivo, los órganos jurisdiccionales españoles prestarán el auxilio con base a los Tratados Internacionales, y de no existir norma de este tipo basándose en la reciprocidad. Los Juzgados y Tribunales españoles denegarán a prestación de cooperación internacional solicitada: cuando su objeto o finalidad sea manifiestamente contrario al orden público; cuando el proceso de que dimane dicha solicitud sea de la exclusiva competencia de la jurisdicción española, cuando el contenido del acto a realizar no corresponda a las atribuciones propias de la autoridad judicial española requerida. (se remitirá a la autoridad judicial competente, informando a la autoridad judicial requirente); o cuando la solicitud no reúna el contenido y requisitos mínimos exigidos por las leyes.

10.4.3. Actos de comunicación con sujetos obligados a colaborar en la administración de justicia: el Auxilio a la justicia.

En nuestro ordenamiento existe un deber general de prestar la colaboración requerida por los jueces y tribunales en el curso del proceso y en la ejecución de lo resuelto (118 CE 17.1 LOPJ.)

La petición de colaboración adoptará la forma de:

- Mandamientos cuando se ordena el libramiento de certificaciones o testimonios y la práctica de cualquier actuación cuya ejecución corresponda a los Registradores de la Propiedad, Mercantiles, de Buques, de ventas a plazos de bienes muebles, notarios, o funcionarios al servicio de la Administración de Justicia.

- Oficios para las comunicaciones con autoridades no judiciales y funcionarios distintos de los mencionados en el número anterior.

Tanto los Oficios como los Mandamientos se remitirán directamente por el LAJ que los expida por medios electrónicos, informáticos y similares; o bien diligenciar personalmente si así lo solicitan las partes.

Tema 11. Efectos económicos del proceso

Marcos Loredo Colunga

11.1. Planteamiento

El desarrollo de un proceso judicial genera importantes costes tanto dinerarios como temporales, de manera que la decisión de acudir a la Administración de Justicia en demanda de tutela no es irrelevante desde una perspectiva económica. En este sentido, hay que distinguir entre los costes generales del sistema y los gastos en que incurren los particulares que participan en el mismo, ya que unos y otros reciben un tratamiento diferenciado en nuestro ordenamiento.

El punto de partida lo encontramos en el artículo 119 CE, que consagra como principio la *"gratuidad de la justicia"*, pero que atribuye al legislador ordinario su concreción, marcando como única exigencia que alcance en todo caso a *"quienes acrediten insuficiencia de recursos para litigar"*.

En consonancia con este planteamiento, son el Estado y las CCAA quienes asumen con cargo a sus presupuestos buena parte de estos costes, ya que se financian por esta vía dos importantes conceptos:

- La prestación del servicio público de la Justicia en sentido estricto, de manera que se incluyen los gastos en infraestructuras, personal y material de los órganos jurisdiccionales y demás instituciones auxiliares (Fiscalía, Cuerpos y Fuerzas de Seguridad, Institutos Anatómico Forenses, etc.).
- Los desembolsos derivados del derecho a la asistencia jurídica gratuita, entre los que destacan las indemnizaciones a los profesionales que actúan de oficio.

No obstante, los poderes públicos buscan fórmulas para recuperar –al menos parcialmente– esta inversión y repercuten ciertos gastos al usuario, exigiéndole el abono de la llamada *"tasa judicial"* y la constitución de un depósito para poder impugnar las resoluciones procesales.

Por lo que respecta a los gastos derivados de la intervención de las partes en el proceso (honorarios de abogados, procuradores y peritos, obtención de documentos, etc.), en principio son los propios particulares quienes deben asumirlos, sin perjuicio de la eventual exención en el caso de ser beneficiarios del derecho a la asistencia jurídica gratuita, y de su posible repercusión a la contraparte en caso de obtener una condena favorable en costas.

En consonancia con el planteamiento realizado, en este tema se analizan las distintas instituciones mencionadas y que inciden en los efectos económicos del proceso: la tasa judicial, las costas procesales, el derecho a la asistencia jurídica gratuita y los depósitos para recurrir e impugnar.

11.2. La tasa judicial

11.2.1. Planteamiento

La tasa judicial es un tributo estatal que grava la promoción del ejercicio de la actividad jurisdiccional a instancia de parte en el orden civil. Es decir, repercute al usuario parte del coste del servicio público de la Justicia, obligando a su abono a quien acude a los órganos judiciales civiles en demanda de tutela.

Por esta vía, al tiempo que se conciencia a los ciudadanos de la necesidad de hacer un uso razonable del sistema, el Estado consigue recuperar parte de la inversión realizada, vinculando la recaudación –al menos en teoría– a la financiación del sistema de justicia gratuita (11 LTJ).

La decisión de articular un tributo de estas características responde a una opción política perfectamente admisible desde una perspectiva constitucional. Sin embargo, con su exigencia se corre el riesgo de generar un efecto disuasorio excesivo o, incluso, de impedir el acceso a la Justicia por cuestiones económicas, lo que podría dar lugar a una indefensión contraria al derecho a la tutela judicial efectiva consagrado en el artículo 24 CE.

En cualquier caso, y pese a la declaración constitucional relativa a la gratuidad de la justicia (119 CE), la existencia de tasas judiciales ha sido una constante en nuestro ordenamiento. Es cierto que se suprimieron en 1986, pero fueron recuperadas ya en 2002 (35 LAPGE), si bien sólo para los órdenes civil y contencioso–administrativo y gravando únicamente a las personas jurídicas con una elevada capacidad económica, por lo que no generó entonces un especial rechazo entre los distintos operadores.

Sin embargo, en 2012, la LTJ vino a ampliar significativamente su espectro tanto objetivo como subjetivo, extendiendo así la tasa al orden social y también a las personas físicas. Esta nueva regulación fue objeto de una crítica generalizada, hasta el punto de que se reformó ya en 2013 y luego en 2015 para atenuar en cierta medida sus perniciosos efectos. Finalmente, la STC 140/2016, de 21 de julio, declaró su inconstitucionalidad parcial, reduciendo de forma significativa su ámbito de aplicación, que queda desde entonces reducido a las personas jurídicas y al proceso civil, en los términos que analizaremos en el siguiente apartado.

11.2.2. Elementos esenciales del tributo

Ámbito de aplicación (1 LTJ). En cuanto al ámbito objetivo, se aplica únicamente en el orden civil, ya que han sido declaradas inconstitucionales las previsiones correspondientes a los órdenes contencioso–administrativo y social. Por otra parte, se trata de un tributo estatal, pero no excluye la existencia de tasas de carácter autonómico que graven otro hecho imponible relacionado con el mismo servicio público.

En este sentido, sólo Cataluña ha regulado su propia tasa judicial, que grava en términos similares la prestación de servicios personales y materiales dependientes de la Generalidad (3.bis y siguientes del Decreto Legislativo 3/2008, de 25 de junio, por el que se aprueba el Texto refundido de la Ley de tasas y precios públicos de la Generalidad de Cataluña).

Hecho imponible (2 LTJ). Pese a la literal del precepto, el hecho imponible consiste en instar el ejercicio de la potestad jurisdiccional (no en el ejercicio en sí mismo) por la realización de cualquier de los siguientes actos procesales, siempre en el marco del proceso civil:

- La interposición de una demanda en cualquier procedimiento declarativo, para la ejecución de títulos extrajudiciales o incidental en procesos concursales.
- La presentación de una petición inicial de un procedimiento monitorio o monitorio europeo.
- La formulación de reconvención.
- La solicitud de concurso necesario.
- La oposición a la ejecución de títulos judiciales.

Estas previsiones hay que ponerlas en conexión con las exenciones objetivas contempladas en el artículo 4.1 LTJ, que excluye la tasa en los siguientes supuestos:

- Procedimientos para la protección de derechos fundamentales.
- Solicitud de concurso voluntario por el deudor.
- Monitorios y verbales en los que se reclame una cantidad que no supere los dos mil euros (salvo que la pretensión se ampare en un documento que tenga la consideración de título ejecutivo extrajudicial).
- Demanda para la ejecución de laudos dictados por las Juntas Arbitrales de Consumo.
- Demandas interpuestas por el administrador concursal en interés de la masa del concurso y previa autorización de la sección de lo mercantil del tribunal de instancia correspondiente.
- Procedimientos de división judicial de patrimonios, salvo que se formule oposición.

Igualmente, hay que tener en cuenta que existen otras actuaciones no previstas expresamente y que deben entenderse igualmente exentas (de acuerdo con las consultas vinculantes planteadas a la Administración tributaria), como son la jura de cuentas, la nulidad de actuaciones o la rescisión y la revisión de sentencias firmes.

Sujeto pasivo (3 LTJ). Es aquel que promueve el ejercicio de la potestad jurisdiccional por la realización de uno de los actos procesales indicados, que implican la voluntad de poner en marcha un proceso o alguna de sus fases.

En el mismo sentido, debe atenderse a la existencia de importantes excepciones, de manera que estarán exentos, en todo caso, las personas físicas, el ministerio fiscal, los entes y organismos públicos y los titulares del derecho a la asistencia jurídica gratuita.

Devengo (5 LTJ). El tributo se devenga cuando se presenta el escrito procesal que constituye el hecho imponible, luego será en ese momento cuando habrá que acreditar el cumplimiento de la eventual obligación tributaria.

Cuota tributaria (7 LTJ). La cuota tributaria viene determinada por una cantidad que varía en función del tipo de proceso en el marco del cual se realiza el acto procesal que constituye el hecho imponible:

- Monitorio y monitorio europeo: 100€.
- Juicio verbal o cambiario: 150€.
- Ejecución y concursal (salvo para la demanda incidental en procedimiento concursal, cuya cuantía será de 100€): 200€.
- Ordinario: 300€.

Por otra parte, si se formula oposición en un monitorio y se interpone demanda de juicio ordinario, la cuota a ingresar será de 200€, ya que se descuentan los 100€ ingresados al presentar la petición inicial del monitorio.

Tramitación (8 LTJ). En cuanto a la tramitación, al escrito que constituye el hecho imponible debe acompañarse la autoliquidación del tributo y, en su caso, el justificante del abono de la tasa. Ante la ausencia o error en la liquidación, el LAJ formulará un requerimiento de subsanación y no dará curso a dicho escrito hasta que no tenga lugar la subsanación, con los efectos procesales correspondientes.

En última instancia, el legislador incluye una medida de impulso de la autocomposición intraprocesal, estableciendo que el allanamiento total o la finalización anticipada del proceso por acuerdo entre las partes dará lugar a la devolución del 60 por ciento del importe satisfecho en concreto de tasa, sin devengo de ningún tipo de intereses.

11.3. Las costas procesales

11.3.1. Concepto, contenido y determinación

Según se ha indicado en el planteamiento de este tema, el particular que no goza del derecho a la asistencia jurídica gratuita y que interviene como parte en un proceso debe, en principio, asumir los gastos derivados de dicho estatus. Sin embargo, si obtiene un pronunciamiento favorable al respecto, podrá repercutir parte de dichos costes a la contraparte a través del instituto de las costas procesales.

La filosofía que inspira esta institución es garantizar la indemnidad desde un punto de vista económico de la parte que se ve obligada a acudir a un proceso judicial de forma injustificada, bien porque su pretensión era indiscutible (si era actor), bien porque lo que se le reclamaba era injustificado (cuando se trata del demandado). Sin embargo, la determinación tasada de los conceptos que se incluyen en las costas, el establecimiento de ciertos límites a las partidas y la existencia de excepciones a su imposición, provocan que, en la práctica, los particulares se vean normalmente obligados a asumir gastos de mayor o menor entidad según los casos, incluso aunque obtengan un pronunciamiento favorable en este punto.

Las costas son, por tanto, la parte de esos gastos derivados directamente del proceso que las partes pueden recuperar a través de su repercusión a la contraparte cuando así se disponga en una resolución procesal.

En cuanto a su contenido –si bien con importantes variaciones y límites según el orden jurisdiccional–, se incluyen en términos generales los siguientes conceptos o partidas (241.1 LEC y 241 LECrim):

- Honorarios del abogado y del procurador, cuando su intervención resulte preceptiva.
- Inserción de anuncios o edictos que resulten obligados.
- Depósitos para recurrir.
- Derechos de peritos.
- Indemnización a testigos.
- Obtención de documentos.
- Derechos arancelarios.
- Tasa judicial.

Por lo que respecta a la determinación de su cuantía, se establece un procedimiento específico que será competencia del letrado de la Administración de Justicia, sin perjuicio de las posibilidades de recurso frente a las resoluciones que dicte en este sentido (242 y ss LEC).

11.3.2. Criterios para su imposición

La posibilidad de condenar al pago de las costas y los criterios aplicables al efecto varían según el orden jurisdiccional, lo que obliga a analizar de forma diferenciada la casuística específica.

11.3.2.1. Orden jurisdiccional civil

La imposición de las costas constituye la regla general en el orden civil tanto en la instancia como en fase de recurso, estableciéndose reglas distintas para cada supuesto y excluyendo al ministerio fiscal de dicha condena en cualquier caso (394 a 398 LEC).

En la instancia se aplica normalmente el criterio del vencimiento, en virtud del cual se condenará al pago de las costas de la contraparte a quien vea íntegramente desestimadas sus pretensiones.

Esta previsión se excepciona en el supuesto de que el órgano judicial aprecie de forma expresa que el asunto presentaba serias dudas de hecho o de Derecho, circunstancia que determina que cada parte abone las costas causadas a su instancia y las comunes por mitad. La misma exclusión se prevé para la parte que, sin justa causa, rechace participar en un MASC. E idéntica decisión se adoptará si la estimación o desestimación es parcial, ya que en este caso tampoco se justifica la imposición de las costas.

Por el contrario, en fase de recurso se impondrán las costas al recurrente en caso de inadmisión o desestimación de la impugnación, pero no habrá condena si el recurso es estimado parcial o íntegramente.

En última instancia, existen otras reglas complementarias para supuestos como el desistimiento y el allanamiento, situaciones en que puede igualmente evitarse la condena en costas en función del momento procesal en que tenga lugar y la actitud de la contraparte al respecto.

11.3.2.2. Orden jurisdiccional penal

Para el orden penal se establece igualmente la obligatoriedad de incluir un pronunciamiento al respecto en los autos y sentencias que pongan término a la causa o a cualquiera de los incidentes, aplicando distintos criterios específicos previstos al efecto (239 y 240 LECrim).

Así, en caso de sentencia condenatoria se impondrán las costas al condenado o condenados, determinando en este último supuesto la parte proporcional que corresponda a cada uno de ellos.

Por el contrario, si hay un sobreseimiento o una absolución las costas se declararán de oficio; es decir, cada parte asumirá las causadas a su instancia y las comunes por mitad. Con todo, nuevamente encontramos que esta regla se excepciona si se aprecia temeridad o mala fe en la actuación de la acusación particular o del actor civil, en cuyo caso se les impondrán las costas a dichos acusadores, pero nunca al ministerio fiscal.

11.3.2.3. Orden jurisdiccional contencioso–administrativo

El artículo 139 LJCA reproduce, en esencia, los criterios propios del orden civil. Así, en primera o única instancia se impondrán las costas a la parte que haya visto rechazadas íntegramente sus pretensiones, salvo que el órgano considere que el caso presentaba serias dudas de hecho o de Derecho.

Igualmente, no habrá condena en costas si se produce una estimación o desestimación parcial (de manera que cada parte abonará las causadas a su instancia y las comunes por mitad), a no ser que se aprecie mala fe o temeridad en alguno de los litigantes, en cuyo caso se le impondrán.

Por lo que respecta a los recursos, tampoco se condenará en costas si la impugnación se estima total o parcialmente. Y en caso de desestimación total, se le impondrán al recurrente salvo que el órgano aprecie la concurrencia de circunstancias que justifiquen su no imposición.

Como peculiaridad de este orden jurisdiccional, el juzgador cuenta con margen de discrecionalidad para imponer la totalidad de las costas, una parte de las mismas o, incluso, fijar una cifra máxima a repercutir por tal concepto.

11.3.2.4. Orden jurisdiccional social

Mayor singularidad se aprecia en este ámbito, probablemente por su tendencia a ofrecer una protección suplementaria al trabajador como parte débil de la relación laboral (66.3, 97.3 y 235 LJS).

Así, en la instancia se excluye la condena en costas del trabajador en todo caso, sin perjuicio de que pueda imponérsele excepcionalmente una multa en caso de mala fe o temeridad. Por el contrario, sí se impondrán las costas al empresario vencido (con un límite de 600€) cuando actúe con temeridad o mala fe o no haya acudido al acto de conciliación previo, siendo además esta condena compatible con la multa correspondiente.

Cambia el criterio en fase de recurso, de manera que la estimación íntegra del mismo determina la condena en costas a la parte recurrida, salvo que se aprecien serias dudas de hecho o de Derecho. También se fija aquí una cuantía máxima, que será de 1.200€ para la suplicación y de 1.800€ para la casación. En caso de impugnación resulta irrelevante que el recurrido sea trabajador o empresario, pero se excluye la condena a los sindicatos y a los funcionarios y empleados públicos. Igualmente, no habrá costas en procesos sobre conflictos colectivos, salvo temeridad o mala fe.

11.4. El derecho a la asistencia jurídica gratuita

11.4.1. Concepto, características y regulación

El derecho a la asistencia jurídica gratuita es un derecho público, subjetivo, de naturaleza procesal, con fundamento constitucional y configuración legal y en virtud del cual se exime a determinadas personas de los gastos derivados de su intervención como parte en un proceso judicial.

A partir de la consagración del principio de gratuidad de la Justicia en el artículo 119 CE, ya hemos visto que se requiere la concreción por el legislador ordinario con el único límite de cubrir los supuestos en que se "acredite insuficiencia de recursos para litigar".

Así las cosas, nos consta que el Estado y las CCAA asumen los costes generales del sistema de Justicia, pero que, en principio, los particulares deben hacer frente a los gastos derivados de su intervención como parte en el proceso, sin perjuicio de la eventual repercusión de los mismos a través de las costas.

Pues bien, la extensión de la gratuidad va más allá y alcanza en algunos supuestos a las mismas costas, cuando se reconoce el derecho a la asistencia jurídica gratuita. Así, en estos casos se exime del abono de las costas (tanto propias como ajenas) para garantizar la tutela judicial efectiva que consagra el artículo 24 CE como derecho fundamental.

El reflejo de este planteamiento lo encontramos en el artículo 20 LOPJ y de ahí se traslada a la normativa específica, la LAJG y su reglamento de desarrollo (RAJG). Además, hay que tener en cuenta que las CCAA que han asumido las competencias en materia de Justicia pueden aprobar igualmente su propia regulación, como ha ocurrido en el caso de Asturias, que cuenta con un reglamento particular (el Decreto 13/2020, de 7 de mayo).

11.4.2. Ámbito y contenido

Ámbito objetivo (6 y 7 LAJG). Este derecho se reconoce para la defensa de derechos e intereses propios y se extiende al asesoramiento previo, en algunos casos a los MASC preprocesales y a todo el proceso judicial en sus distintas fases e incidentes, incluyendo, incluso, el recurso de amparo ante el TC.

También se comprende la vía administrativa previa cuando se trata de procedimientos de asilo o de aquellos que pueden llevar a la denegación de la entrada en España o a la expulsión o devolución de un ciudadano extranjero.

E igualmente se contempla la asistencia de abogado al detenido, investigado o preso en su primera comparecencia ante un órgano jurisdiccional o para cualquier diligencia policial que no sea consecuencia de un proceso penal en curso.

Ámbito subjetivo (2 a 5 y 46 y ss. LAJG). El derecho se reconoce tanto a personas físicas como a personas jurídicas, teniendo en cuenta fundamentalmente su capacidad económica, pero también otros criterios alternativos o complementarios, lo que obliga a una exposición detallada de la casuística.

Entre las personas físicas se incluyen tanto las españolas como las extranjeras, debiendo acreditar la concurrencia de alguna de las siguientes circunstancias:

- Insuficiencia de recursos. Implica la pertenencia a una unidad familiar que carece de patrimonio y que cuenta con unos ingresos anuales reducidos, de manera que no superan los límites legalmente previstos (2, 2'5 o 3 veces el IPREM) en atención al número de integrantes de dicha familia (una, dos o tres o cuatro o más personas). Esta circunstancia se tiene igualmente en cuenta respecto de las microempresas en el marco de un procedimiento concursal.
- Pertenencia a una familia numerosa de categoría especial, sin que se exija ningún otro requisito complementario.
- Condición de víctima de determinados delitos (terrorismo, violencia de género o trata de personas) respecto de los pleitos relacionados.
- Haber sufrido un accidente con secuelas permanentes, únicamente cuando se pretenda reclamar una indemnización por tales daños.
- Ser trabajador por cuenta ajena o beneficiario de la Seguridad Social, en procesos laborales o administrativos para la defensa de sus derechos laborales o sociales.
- Siendo extranjero, tener reconocido el derecho en otro país con el que exista un convenio en dicho sentido o se reconozca tal reciprocidad.
- Cumplimiento de los requisitos para su reconocimiento en otro Estado miembro de la UE del que se es nacional o residente.

Respecto de las personas jurídicas, pueden ser públicas o privadas y los supuestos son los siguientes:

- Reconocimiento automático del derecho ex lege. Así ocurre respecto de las personas jurídico–públicas, las entidades gestoras y los servicios comunes de la Seguridad Social, la Cruz Roja o las asociaciones de consumidores y usuarios.

- Insuficiencia de recursos. Microempresas, asociaciones de utilidad pública y fundaciones inscritas que acrediten unos ingresos a efectos del Impuesto de Sociedades que no superen los topes legalmente previstos.
- Siendo extranjera, tener reconocido el derecho en otro país con el que exista un convenio en dicho sentido o se reconozca tal reciprocidad.

Contenido (6 LAJG). El reconocimiento del derecho implica la exención total o parcial de determinados gastos derivados del proceso –los conceptos incluidos en las costas–, de manera que se facilitarán las siguientes prestaciones y servicios sin que el beneficiario tenga que realizar desembolsos:

- Asesoramiento previo al proceso para evitarlo o analizar la viabilidad de la pretensión.
- Asistencia de abogado en cualquiera de los MASC preprocesales que se lleven a cabo para cumplir con el requisito de procedibilidad, cuando su intervención sea preceptiva en el eventual proceso judicial ulterior o, no siéndolo, la otra parte cuente con tal profesional.
- Asistencia de abogado y representación por procurador a lo largo de todo el proceso, siempre que su intervención resulte preceptiva o el órgano judicial la requiera para garantizar la igualdad entre las partes.
- Inserción de anuncios o edictos en periódicos oficiales dentro del curso del proceso.
- Intervención de peritos.
- Obtención de documentos.
- Abono de derechos arancelarios.

En caso de litigios transfronterizos sobre cuestiones civiles o mercantiles, se amplía significativamente al catálogo con otro tipo beneficios (50 LAJG): 1º) la intervención de intérprete; 2º) la traducción de documentos; 3º) el desplazamiento para comparecer ante el órgano judicial cuando su presencia resulte preceptiva; y 4º) la intervención de abogado y procurador que, no siendo preceptiva, sea requerida por el órgano en atención a la complejidad del asunto o para garantizar la igualdad de las partes.

Se considera transfronterizo el pleito en el que una de las partes está domiciliada en un Estado miembro de la UE distinto de aquel en que tenga su sede el órgano judicial que conoce del proceso o en el que deba ejecutarse la resolución.

11.4.3. Reconocimiento

Salvo los supuestos ya indicados en que la ley concede automáticamente el derecho a determinadas personas jurídicas, para el resto de casos se requiere instar su reconocimiento a través de un procedimiento administrativo con control judicial (regulado en los artículos 12 a 20 LAJG).

Serán competentes las CAJG, órganos específicos en los que están representados las Administraciones correspondientes (el Estado o las CCAA) y los colegios de abogados y procuradores del ámbito territorial de que se trate (9 y 10 LAJG).

Como regla general, la petición se formalizará antes o junto con la demanda o la contestación y, normalmente, dará lugar a la interrupción o suspensión del proceso o de los plazos de prescripción o caducidad. La solicitud en un momento ulterior sólo estará justificada ante una insuficiencia de recursos sobrevenida.

Dicha solicitud puede presentarse físicamente o de forma telemática, ante el órgano que esté conociendo de la causa o el del domicilio del solicitante o directamente en el colegio de abogados correspondiente. Al formulario oficial habrá de acompañarse la documentación que acredite la concurrencia de los requisitos que se aleguen, y en el mismo se identificará a las partes y la pretensión o proceso.

El propio colegio de abogados examinará en primer lugar la documentación aportada (pudiendo requerir su subsanación) y procederá a la designación provisional de profesionales si considera que concurren los requisitos. A continuación, remitirá el expediente a la CAJG, que podrá realizar las comprobaciones complementarias que estime oportunas para confirmar la concurrencia de los distintos requisitos.

La resolución definitiva corresponde a la CAJG, que cuenta con un plazo de 30 días desde la recepción del expediente. Puede confirmar los nombramientos provisionales o denegar el reconocimiento del derecho, y en ausencia de resolución expresa se considera que se trata de un acto presunto estimatorio.

En última instancia, puede recurrirse dicha resolución presentando escrito al efecto ante el secretario de la propia CAJG. Esta impugnación será resuelta por el órgano que esté conociendo del proceso o por el presidente del tribunal de instancia correspondiente si el proceso aún no se ha iniciado.

11.4.4. Extensión temporal y posibles contingencias

El derecho se reconoce para todo el proceso judicial (incluidos los recursos y la ejecución), si bien tiene un límite temporal de dos años, de manera que, transcurrido dicho plazo, debe reiterarse la solicitud para constatar que siguen concurriendo los motivos que justificaron su concesión (7 LAJG).

En cualquier caso, la CAJG puede revocar la concesión, de oficio y en cualquier momento, si considera que hubo falseamiento u ocultación de datos en la solicitud. Igualmente, si el órgano judicial en la resolución que ponga fin al proceso aprecia abuso de derecho, mala fe o temeridad, se revocará el derecho con obligación de reembolsar el coste de las prestaciones efectivamente percibidas (19 LAJG).

Por otra parte, la decisión que se adopte en relación con las costas en el marco del proceso genera efectos en relación con este derecho. En este sentido pueden distinguirse las siguientes situaciones (36 LAJG):

- Vencimiento en costas: cuando la parte que tiene reconocido el derecho a la asistencia jurídica gana con costas, la otra parte deberá asumir los gastos correspondientes.
- Vencimiento sin costas: si el beneficiario de este derecho obtiene una resolución favorable pero no la condena en costas deberá destinar a abonar los gastos en que ha incurrido hasta un tercio de lo conseguido en el pleito.
- Condena en costas: en estos casos, el titular de la justicia gratuita deberá hacer frente a las mismas si en el plazo de tres años viene a mejor fortuna y tiene, por tanto, capacidad económica para asumir tales desembolsos.

Una situación particular tiene lugar igualmente en el caso de pleitos entre cónyuges, ya que el reconocimiento de este derecho a uno de ellos puede determinar que el otro tenga que hacer frente a los gastos correspondientes a través de la llamada *litis expensas*.

11.4.5. Prestación del servicio

La adecuada prestación de los servicios que conlleva el reconocimiento de este derecho requiere una organización compleja, especialmente en lo relativo a la intervención de abogado y procurador de oficio. En este punto, la Administración delega su responsabilidad en los colegios profesionales (22 y ss LAJG), renunciando a la gestión directa de un servicio público que puede considerarse esencial.

Así, en primer lugar, existe un Servicio de Orientación Jurídica –responsabilidad de los colegios de abogados–, que se encarga de prestar asesoramiento previo y de facilitar la presentación de las solicitudes de reconocimiento del derecho a la asistencia jurídica gratuita.

Igualmente, son los colegios de abogados y de procuradores quienes organizan los llamados turnos de oficio, listados de los profesionales que serán llamados siguiendo el orden establecido para ofrecer asistencia letrada y representación técnica. Para incorporarse a dichos catálogos se requieren ciertos requisitos de experiencia y formación específica y se contempla la posibilidad de que el abogado de oficio rechace un asunto si considera que la pretensión es insostenible o carece de fundamento. En estos casos se procederá normalmente a llamar al siguiente de la lista para evitar la indefensión.

Lógicamente y como contrapartida, tanto los colegios que lo gestionan como los propios profesionales que prestan el servicio reciben las correspondientes subvenciones a cargo del Estado o las CCAA. A estos efectos se aplica un baremo que tiene en cuenta el tipo de asunto de que se trata y las fases del proceso judicial que efectivamente se desarrollen.

11.5. Los depósitos para recurrir

Con el fin de evitar los recursos meramente dilatorios, y como vía para incrementar los ingresos derivados de la prestación del servicio público de la Justicia, en 2009 se generalizó la exigencia de depósito como requisito formal para promover adecuadamente la generalidad de impugnaciones. Este requisito ya se contemplaba con anterioridad en relación con algunas vías extraordinarias, pero en ese momento se extendió a los recursos y se incrementó la cuantía, intensificando la tendencia a dificultar el control judicial en las sucesivas instancias y tratando de forzar al justiciable a conformarse con la primera resolución.

Desde entonces se exige la constitución de un depósito para la interposición de recursos ordinarios y extraordinarios, así como para plantear demandas de revisión o rescisión de sentencias firmes, y todo ello en los distintos órdenes jurisdiccionales. En consecuencia, la impugnación no será admitida a trámite si no se acredita la constitución del depósito al presentar el escrito de interposición correspondiente (DA 15ª LOPJ, 513 LEC y 229 LJS).

El sujeto obligado es el recurrente o quien ejercita la acción impugnativa autónoma, estando exentos el ministerio fiscal, los entes y organismos públicos y quienes tengan reconocido el derecho a la asistencia jurídica gratuita. Como particularidad, en el orden penal el depósito sólo se exigirá a la acusación popular.

La cuantía a depositar varía según el tipo de recurso o impugnación, siendo de 25€ en el caso de la reposición, la reforma o la revisión; 30€ para la queja; 50€ respecto de la apelación, la casación y la rescisión de sentencias firmes; 300€ para la suplicación y la revisión de sentencias firmes; y 600€ para la casación en el orden social.

Y en cuanto al destino de dichas cantidades, se devolverá el depósito si la demanda o recurso se estiman total o parcialmente; pero se perderá en caso de inadmisión o desestimación total. Dicha pérdida implica que pase a engrosar el presupuesto del Estado o la Comunidad Autónoma, debiendo aplicarse a la modernización de la Administración de Justicia y a financiar el derecho a la asistencia jurídica gratuita.

Índice onomástico